尚書灣義

簡道凡 著

圖一

禹黃河
顓頊
濟水
姜
姜
姜
姜
洛水
伊水
周
殷
華
徐州
潁水
姜
淮南
漢水
越章王，台語音豫疆王。
勾亶王音九段王
鄂王音鱷王

禹貢豫州疆界

華土

一

本書注尙書，部分大雅，頌。詩書以前，則為三皇五帝，今人皆以傳說視之。果如是乎，抑其跡雖有，惟覆滅實多乎。以無經可注，僅略說之。其時屬上古，其地則中華。

然華又何謂。華乃地名。《國語・鄭語》有云，逃死之地，在濟洛河潁之間。復曰，……若前華後河，右洛左濟……。二說之同者，濟洛河三字。其異者，潁，前華也。

故知潁水以北，濟洛河之間，即古華地所在。

三皇之首曰伏羲氏，其母華胥，台語音華始，華土上最初人類之謂。

史記秦本記載，秦之先祖大業，娶少典之子曰女華。古史中少典惟一見者，在《國語・晉語》。其云，昔少典娶於有蟜氏，生黃帝炎帝。故少典即黃帝之國，今新鄭。女華，指華土之女，非人名。古時女子名，家族外之人弗能聞之（註一）。如嫘祖，姓嫘，名未知，祖，則祖媽也。

其地既知，其人復如何。炎黃子孫，古有辭焉。惟三墳五典八索九丘既亡，炎帝之跡乃不復聞。姜姓國之墟，盡在華土之外，如圖示。未有齊國之前，青州固為姜姓地。豈不聞史記曰，太公望呂尙者，東海上人，其先祖為四岳……虞夏之際封於呂。東海者，禹貢青州之海也。呂在南陽盆地，本姜姓三苗故地。黃帝以前，炎帝或自湖北隋州，過南陽，濟潁水而宰制華土。惟黃帝時，炎帝，蚩尤，既退至晉南一隅矣。故推測曰，彼時天下分裂，數百年已有焉。史記云，諸侯相侵伐，是其證。又殷革夏，周代殷，皆稱天命所授。黃帝一統九州，則未言天命。故知斯時也，天下無主既久焉。

九州崩離，惟有熊氏以新鄭立。

此含深義，當析之。鄭音中／重。中者，華土中央也。於諸侯侵伐之際，登列國之中位而不降。詩書雖不言，有熊氏為大也明哉。惟其父不詳，又有異。黃帝承先人之蔭實深。鄭音中，亦有旁證。據左昭十七年載，有大皞氏，共工氏，炎帝氏，黃帝氏。又云，陳，大皞之虛也。陳國，今周口市附近，古華土南半中心。鄭，則北半中點。能居中，必為大。後之少皞，左昭二十九蔡墨云，遂濟窮桑。即最遠止於窮桑。窮桑音繭桑，今商丘市一帶，於華土為東部。不能至中央，故僅曰少皞。大皞風姓，音鳳姓，東海岸神鳥崇拜氏族也。後之共工氏，音姜工。與炎帝氏同姓，則姜姓之王天下，曰五百年，或有失，惟亦不大焉。炎黃後裔一辭，豈虛傳哉。然炎帝苗裔，其勢不及黃帝。故姜姓古史幾不傳，惟幾字尚聞爾。此數語復出自黃帝子孫之口，其說炎帝蚩尤，貶則有矣，贊則一無。史紀云，蚩尤最為暴，又言炎帝欲侵陵諸侯。後黃帝乃渡黃河，及冀州西南，敗炎帝，誅蚩尤。夫彼二者與華土，間有中條山之礙，黃河之障，將暴陵諸侯，不亦艱哉。侵占各國何地，不見有據，彼仍守其華土外之域。而黃帝跋山涉水，兼併其境。所謂侵陵，彼二者為之乎，抑黃帝所作乎，自不待辯。鄭，中心樞紐也，貨殖者必據之地。曰神農氏，以其能植百穀。則號軒轅氏，必因其有從車千百乘。車駕以遂行商旅。故史紀載其遷徙往來無常處，以師兵為營衛。既為商，黃河之始點，河曲之處，買賣之利，雖不及鄭，然亦不遠。故滅蚩尤，天下三財地，二入己姓焉。餘一者，在河之終。上古人稀，足跡未遠，禹貢冀州只敘至橫漳，商業亦盡於此。黃帝死後七年，其孫顓頊立。衛，顓頊之墟也。其去漳水，不過四舍五舍，車駕朝發，日中已至。黃河水運之利，盡入己姓。

姜姓衰，姬姓黃帝起，後子姓殷人興。子姓者，東方拜鳥族之一支也。其後，同為姬姓之周人，自華土西界外，入而宰制中國。上古中華，即風姜姬子四姓，濟洛河潁四河之爭。遠端西亞，則為月灣兩河之戰。

註一：《人名的世界地圖》P162，時報文化出版。

二

丘明口誦而左傳作，及其唱之息也，華土之爭亦歸於寂。此下開二千年之變，天下所競逐者，在江之舌。爲之者，半非四姓之裔。喧譁者，已非上古華土之聲。凡此皆生於封建之廢。晉爲始作之國，其有戎狄滿山遍谷。後列國襲之，蠻夷遂離氈棄野，登堂入室於昔之華夏聯盟。

上古文音白音共行之俗，於是乎亡於江北。然尚聞諸江南。伏生尚書只二十八篇，而梅賾有五十八篇，古聲亡多亡少有異也。豈不聞梅賾曾任豫章內史乎。逮唐時，古音已退至海隅之閩粵，後並絕於其州府，獨存一息在山中海口，邊鄙之地。由豫州至台灣，自戰國迄明末，遠哉其徙也。海角哉其方可聞也。獨一哉其能通詩書也。

圖二

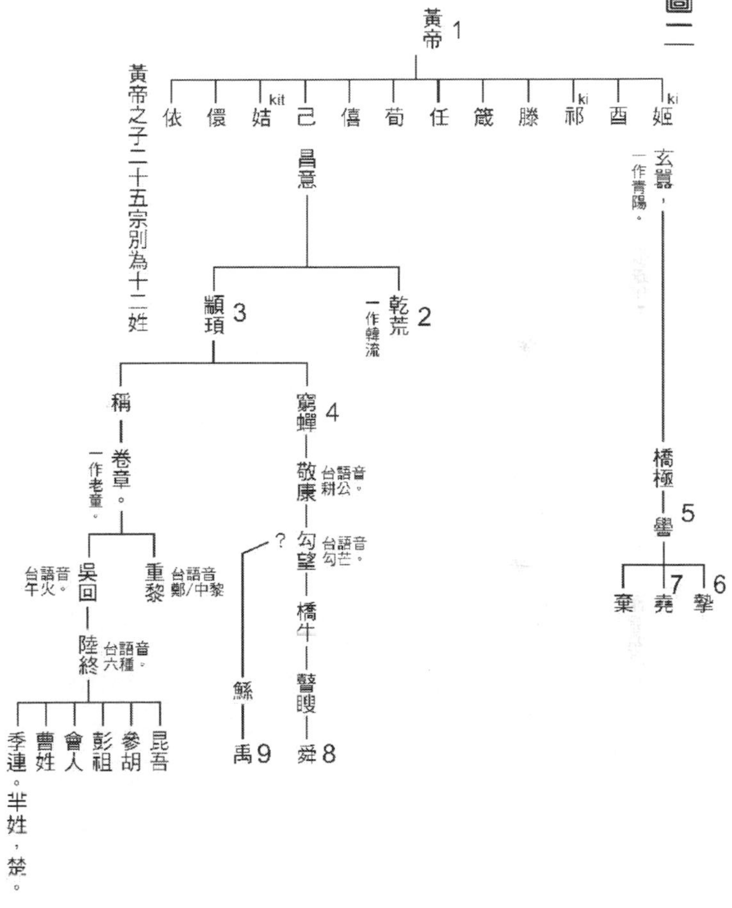

黃帝之子二十五宗別為十二姓

黃帝 1

依　儇　姞(kit)　己　僖　荀　任　箴　滕　祁(ki)　酉　姬(ki)

己 — 昌意 — 乾荒 2（一作韓流）、顓頊 3

顓頊 3 — 稱、窮蟬 4

稱 — 卷章（一作老童。）— 吳回（台語音午火。）、重黎（台語音鄭/中黎）

吳回 — 陸終（台語音六種。）— 季連（芈姓，楚。）、曹姓、會人、彭祖、參胡、昆吾

窮蟬 4 — 敬康（台語音耕公。）— 勾望（台語音勾芒。）— 橋牛 — 瞽叟 — 舜 8

？— 鯀 — 禹 9

姬 — 玄囂（一作青陽。）— 橋極 — 嚳 5 — 棄、堯 7、摯 6

本書五帝世系圖，主據史紀五帝本紀，然微有異。說如下。

列帝位之2者，據竹書紀年，昌意降居若水，產帝乾荒此條。如未曾登位，豈能書曰帝乾荒，此其一。以台語讀之，則乾荒音見放，遭放逐也，此其二。紀年又書曰，黃帝死七年，其臣左徹乃立顓頊。可知乾荒在位甚短，故定其台語音爲見放。山海經乾荒作韓流。韓流台語音限流，亦流放義。乾荒韓流俱非名，實後世稱呼之號。人居各隅，號有二三，自然不過也。

帝位之4曰窮蟬，台語音肯禪。既肯禪，則必本爲帝。顓頊之繼位者非其子，而爲其族子帝嚳，其妙在此。被逼讓位，而號稱肯禪，嚳，窮蟬，各得美名焉。

摯列6。五帝本紀云，帝嚳崩，而摯代立，帝摯立，不善，崩。不善台語音不禪。既不禪，則曾在位焉。有位而不禪，故崩。良史哉，傳不善二字也，致古事能終見天日。

史記言帝繫，多本自《國語．晉語》。彼云黃帝之子二十五宗，其得姓者十四人，爲十二姓。當中姬祁己姞，台語音俱一。姬列首位，乃周人自編，不足以信。晉語又言嫘祖生青陽昌意。周人即出於青陽一支。紀年載昌意降居若水。降居者，大子位遭黃帝廢黜，自京師出於外也。晉語即加書曰，青陽降居泜水。此明爲周人杜撰。昌意之子乾荒，顓頊，先後立爲帝，舊大子之名果有庇焉。

青陽一支則不見於紀年，其沈入眾庶子中，甚明哉。既爲庶子，何降居之有。晉語不可盡信。

窮蟬產敬康，其台語音定爲耕公。因其子名勾芒，其孫則曰橋牛，俱農事也。鯀禹一支，其源有中斷。虞夏同族，自古有此說。何時始分爲二，疑在窮蟬以後。鯀得爲舜政敵，其民必眾，其祖亦必顯。顓頊以下，窮蟬爲大宗，其固嘗爲帝也。

虞夏楚俱出自顓頊，原皆己姓，後各別爲嬀，姒，芈姓。然未曾聞楚夏同族。虞夏爲大族，楚則在庶子之列。至重黎始受封而大。已言重音鄭／中，故重非人名，重黎實一人。左昭二十九云，顓頊氏有子曰黎，爲祝融。即此證。祝融者，開楚國之君也。始祖固同爲顓頊，虞夏與楚，其相去已遠。楚復在豫章外，闢有家業千里，其地之子女玉帛，遠勝中華故土。故熊渠曰，我蠻夷也，不與中國之號謚。昔黃帝顓頊之己姓，於此際之楚，又何有哉。

惟於周則大有。左傳哀十七年，「初，衛侯登城以望，見戎州，問之，以告。衛侯曰，我姬姓也，何戎之有焉。翦之」。衛侯之意實爲，黃帝後裔，惟我姬姓一宗而已，何己姓之有。虞夏出自己性，既亡久矣，淪爲周賓，曰陳國杞國，周於二者，不必有所忌。今戎州己氏，獨守於舊土昆吾之觀旁。自稱正統之周人，與嫡系戎州比鄰而居，不翦逐至弗能見，其寢能安乎。

音例

本書台語發音，全從二書。其一《現代通俗華音對照臺語彙》，廖修廣編著，五南出版社發行。其二，《甘為霖台語字典》，台灣教會公報社出版。此下簡稱廖氏，甘氏。梅賾經文則從王先謙《尚書孔傳參正》。

目錄

梅賾尚書　堯典第一

虞書

圖三

甲1556(甲)
商

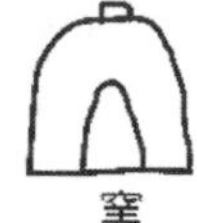

窯

甲骨文唐字
小學堂字形演變
－中央研究院

說文解字
高也，从
垚在兀上。

搬陶胚入
窯也。

甲骨文，各字

小學堂字形演變
甲256(甲)
商

甲骨文，各字

甲639(甲)
商

昔在帝堯。聰明文思光宅天下。將遜于位讓于虞舜。作堯典

堯典

曰。若稽古帝堯

台語音爲，曰na契古帝堯。

下句起，台語音爲，此四字省爲音一字。

若，台語有數音。na此音，義爲似也，像也。乃今日口語。

堯，陶唐氏，唐非地名，乃堯原國名，後其地因堯號亦名唐。

此字新創，獨用作國號，其音舊，曰tong，即彤，紅色也。

堯以火德故，取tong音，而配字曰唐。唐之甲骨文，又窯狀也，堯giau即窯iau，其子音g，或有或無因地而異。

堯亦新作字，上部垚者，象陶胚堆疊將進窯之形。

下部儿，象人。即陶工也，兼音遙，示異乎眾人。而陶亦有窯音，如皋陶之陶。如此陶唐堯三字並說一事，燒窯有成也。故稱火德，色尚赤。

古出伏羲氏，漁獵大獲焉。繼之神農氏，稷穀盛焉。祭祀天地鬼神遂能不墜。後軒轅氏興，物流通能遠。今堯能贊揚陶藝，令器用便利。併軒轅氏咸有一德。故稱陶唐氏，而不以土爲號。賢其有德於

曰。放勳欽明

文思安安

世入也。是以所謂名號，其旨在音，不在字。音窯，然特作堯字，以示其與眾，有不同焉。

勳非堯名，對仗欽明而已。

王先謙《尚書孔傳參正》云，今文作文塞晏晏。以下凡引今文，俱從此書，不再贅述。

思si，塞**sek**。梅賾書，今文經，字音各二。然如前所論，應從音。由思至塞者，以傳誦誤生一悉**sek/sit**字也。思si傳作悉**sit**，子音t於長吟中，有之乎，無之乎，分辨難焉。故聽作悉。後人復轉成悉之另一聲**sek**，而書為塞字。古時授受，主由口誦。故有所謂臣聞曰，而無所謂臣讀曰。經典多矣，又一字數聲，記其義易，背其音，則難免有忘。此今古文尚書所以字不一，而同為今文，又彼此互異也。此例說廖氏甘氏所輯之台語音，其收尾有子音者，如p、t、k，皆得互通其聲，以吟唱時三音難辨別也。故以音求字時，se、she、sek各聲之字，均需審之。以下仿此。安an、晏an，二字子音母音俱同，凡音符全同者，以下概不列其音。

允恭克讓

音蘊恭克讓。讚堯克讓，伏禪舜之筆也。堯典舜典，俱出舜手。今文作允恭克攘。讓攘同音。

光被四表

今文作橫／廣被四表。光廣台語音同。橫聲从黃ng。光kng，開頭子音k，屬ㄍㄎㄏ組。凡前子音爲 k、g、h時，其台語音或同無子音者。下文靜言用違句即另一例。黃之台語有數音，此僅列其一涉及橫者，以下仿此。

格于上下

格乃各之假借。各甲古文（圖三）……作腳趾入ㄩ。至也，又往也。

以下倣此。今文一作假於上下。格kek，假ke互音。有無收尾聲，吟唱時無別。

克明俊德

今文作克明峻／馴德。

俊cun，馴sun，音標不同。cun開頭子音爲 c，對應中文音符ㄗ。sun則爲 s，對ㄙ。ㄗㄘㄙ三注音歸一組，音互通。故馴音俊，以下仿此。

以親九族
九族既睦
平章百姓

ㄅp ㄆph　一組
ㄉt ㄊth ㄋn ㄌl　一組
ㄍk ㄎkh ㄏh　一組
g亦歸ㄍㄎㄏ組
ㄐci ㄑchi ㄒsi　一組
ji亦歸ㄐㄑㄒ組
ㄗc ㄘch ㄙs　一組
j亦歸ㄗㄘㄙ組

同組其聲音互通者，各地口音微有變也。如紂ciu，周人作受siu。開頭子音別爲ㄐ與ㄒ，然需互音，以其實同一人，必只一名爾。又客家音水sui，於台語曰cui，各爲ㄙ與ㄗ，然同一名，亦同一組，不互音，紛擾將無端生焉。所謂尚書今古文異字，十之八九，皆源自不用互音也。

今文作便／辯章百姓。

依甘氏，平便俱有peng聲，辯則無。然辯論辯解，常辭也，其音同

百姓昭明

協和萬邦

黎民於變時雍

乃命羲和

欽若昊天

曆象日月星辰

敬授人時

分命羲仲

便。甘氏漏收此聲。

今文一作叶和萬邦。協叶同音。

音隸民與變是雍。凡尚書時，皆音是，以下仿此。

今文作黎民於蕃時雍。變音便peng，甘氏廖氏失輯此聲，然日常口語也，其聲無疑。蕃hoan。

反hoan/peng。由變至反，轉其另一音，後迄蕃，如前文思安安例。

今文作迺命曦和。乃迺同音。

音欽略昊天。

宅嵎夷

嵎夷在禹貢青州，日出之最先者。今文作度嵎夷，一作禺銕，一作郁夷。郁iook/hiook。从禺聲之偶耦皆音**ngau**，以形聲論，嵎必亦有此音。故疑郁夷當爲郩夷破字。郩同崤**ngau**，即嵎聲。

曰暘谷

今文一作曰崵谷，一作曰湯谷。暘崵湯皆从昜聲，此義之所在。對應下文昧谷。其邊旁作日山水三體，乃各地異俗，並無深義。

寅賓出日

音殷賓出日。殷實有辭，即殷有實義，實亦有殷義，以下仿此。賓，迎賓。出日，即日出。

平秩東作

平秩，今文一作便程，一作辯秩，一作辨秩，古文一作平豑。平辨辯便同音，說在平章百姓句。豑，甘氏廖氏俱未收，說文云，爵之次第也。既言爵，則豊表義，弟表聲明矣。秩tit／**tek**，弟ti／te。收尾音**t**、**k**，有無其音俱通，不再重述。

日中星鳥

以殷仲春

厥民析

鳥獸孳尾

申命羲叔

宅南交

平秩南訛

東作，東之農作也。對下文平秩西成。今文之程，疑秩之破字，其形近也。

日中，日夜平分，春分也。星鳥，南方朱雀七宿。

梅賾書云，春分之昏，鳥星畢見。

音以應中春，對應有辭，即以對中春也，以下仿此。

有孟春仲春季春三時。夏秋冬仿此。

音厥民植。植樹也。夏小正一月，月令曰析木，即植樹時候。

繁殖也。今文作鳥獸字微。孳尾字微同音。

音宅南郊。說文解字曰，去國百里爲郊。今文當作度大交。

音平秩南午。子，北方。午，南方。吳越之吳，即取音午。

敬致。日永星火

以正仲夏

厥民因

鳥獸希革

分命和仲。宅西

曰昧谷

今文一作便程南爲，一作辨秩南僞。訛，說文云，譌言也，段玉裁云，疑當作僞言也。僞者，不眞也，誤也。誤訛同音，今文捨音取義，故成平秩南僞。

永，最長也。即夏至。星火，即大火星，在東方青龍七宿之心宿。

正，對也。對正有辭。

音厥民耘，除草也。

鳥獸羽毛稀疏。

今文作度西。

昧，暗也。對上文暘谷。今文作曰桺古，一作曰柳穀，古文當作曰丣谷。昧丣音殊異。暮boo，冒moo／mau，丣mau。由暮至丣，疑今文即以暮替昧，二字義近也。

寅餞納日

音殷餞納日。餞別有辭。今文作寅餞入日，古文作寅淺納日。餞淺同音。

平秩西成

宵中星虛

宵中，夜日平分，秋分也。

星虛，梅賾書曰，北方玄武之中宿，亦云玄武七星皆以秋分日見。

以殷仲秋

今文作以正中秋。

厥民夷

夷，秋割也。左傳呂相絕秦有云，芟夷我農功。即秦師割我秋收。

鳥獸毛毨

毨，先也。即先長出之外毛，屬硬毛。古文作鳥獸毴毨。甘氏廖氏俱未輯毴字。

申命和叔

宅朔方

音宅颼／縮風。朔sook，颼soo。縮，使乾而減也。

曰幽都

平在朔易

日短星昂

以正仲冬

厥民隩

鳥獸氄毛

颼，有辭曰颼風，乾燥之風，即北風。此為朔方本義。朔字乃假借，其从月，指初一。由初一推伸至北方，難約定稱俗焉。今文作度北方。

音平在颼域，對南午。今文作便在伏物，一作辯在朔易。

日最短，冬至也。梅賾書注曰，昂，西方白虎之中星，亦以七星竝見。

音厥民窩，窩藏有辭，即冬藏。今古文並當作厥民奧。隩奧同音。

音鳥獸夾毛。甘氏廖氏書，氄均音絨。乃望尚書文生氄之義也，不可從。氄，矞表音，毛表義，兩書矞音絨者，只此一字，孤證難立。而以矞表音之字，如橘爲kiat。潏譎憰瞲作khiat。字多且母音同，乃可信。開頭子音同屬ㄍㄎㄏ組，音互通。故選定夾kiap字，

帝曰。咨汝羲曁和

朞三百有六旬有六日

以閏月定四時成歲

允釐百工

庶績咸熙

帝曰

疇咨。若時登庸

鳥獸夾毛。以下選字仿此。

秋季時日毛毨，今冬矣，於秋毛下新發細毛。人被夾衣，鳥獸覆夾毛。古文一作鳥獸稚髦。毛髦同音。

今文無此九字。古文朞一作稘。

今文定一作正。

音斄理百工。

今文一作庶績咸喜。熙喜同音。

音籌誰，**na**是登用。即**na**是登用，籌誰之倒置。庸，用也。登用，嗣君位，薦之於神明也。籌誰，將占卜何人也。

咨**cu**。卒**cut**／**cui**。

放齊曰

胤子朱啓明

帝曰

吁。嚚訟可乎

帝曰

疇咨。若予采

誰cui。cui至cui／cut至cu，咨也。卒，廖氏但輯cut音，惟从卒聲者，如醉萃瘁悴均音cui，故卒亦具該音。左傳閔公二年，成風聞成季之繇，繇即卜辭。疇籌繇同音同義。證籌即占卜。今文一作酬咨。古文一作疇咨。

籌疇酬同音。

音傍齊曰。身傍之人齊說。

胤，後代也。朱，堯子之名。啓明，開明也。朱即火色。從其族之德命此名。今文啓作開，朱一作絑。朱絑同音。

朱不能駁他人大義，惟就末節爭執不休。又好興訟。今文嚚訟作頑凶。

音籌誰na予采。na予采，籌誰之倒裝也。采，采邑，有政事，即有

驩兜曰

都共工。方鳩僝功

帝曰。吁

靜言庸違

食采封土。如周棄爲農正，封於有邰。其子不窋失官，遂奔於戎狄之間。即喪其采邑也。

今文驩作讙。二字同音。

音to共工，方鳩燦功。to，就是，此台灣口語也。以下仿此。鳩集有辭。今文作旁逑孱功。

榜pong／png，即旁有png聲。方png／hong，本句梅賾書，今文各傳其一音。鳩逑同音。

音精言用違。精，美也。言美而陰違。今文一作靖言庸違，一作靖言庸回，一作靖譖庸回。違ui。然从韋聲之衛，音ui／oe。故廖氏遺收oe聲。回hoe，開頭子音h，或有或無，因地而異，傳今文者作oe。g亦如h，二子音同屬ㄏ音符。

譖有ciam聲，以簪潛僭俱有此音也。言gian，譖g、c非同組，當是誤聽而作譖。收尾音m，n沈揚有別，惟吟唱時从隨曲調，致難分辨，宜作互音，以下仿此。

象恭滔天

帝曰。咨四岳

湯湯洪水方割

蕩蕩懷山襄陵

音韜天。韜，箭袋也，蓋掩之義。今文一作象龔滔天。恭龔同音。

咨音茲，發語辭，以下同此。四岳，梅賾書云，四岳爲羲和四子。其據未有聞焉。此刻實尚無四岳一名。

《國語・周語》下，共之從孫四岳，佐禹治水。帝堯嘉之，祚四岳國，賜姓曰姜，氏曰有呂。故此後始有四岳。方今鯀禹尚未治水，如何共之從孫能佐之，而有四岳之國。蓋堯典實舜所作，時在禹治水功成後。四岳已封，故文中就其新位稱之。許慎說文解字序云，「曾曾小子，祖自炎神，縉雲相黃，共承高辛。」高辛氏傳摯，堯。許慎先祖乃從之續留堯廷。至禹治水後，始封於四岳。羲和之名，大乎縉雲氏。若四岳爲其子，其亦許慎先祖矣，許慎敢不舉乎。今文咨一作諮。岳，今文作嶽，以下堯典舜典均仿此。

音盪盪洪水方決。割**koah**，決**Koat**。方割今文作滔天。

浩浩滔天
下民其咨
有能俾乂
僉曰。於。鯀哉
帝曰。吁。咈哉
方命圮族

音透天。二句今文作浩浩懷山襄陵。

古文乂一作嬖。

僉chiam，此廖氏所輯，惟从僉聲之檢撿鹼等，俱音kiam，故知僉亦有kiam聲。同理，从咸音之減鹹椷，其聲俱爲kiam，則咸亦然。惟廖氏失輯此音爾。同爲kiam，則僉音咸矣。以下僉字俱仿此。

音荒命羆族。經文圮字，說文作圮字。其台語音有別，此從說文作圮。據《國語．晉語》鄭子產云，鯀殛於羽山，化爲黃熊，以沒入羽淵。則羆實其族神，鯀歸其祖焉。今文一作放命圮族。方放同音。

岳曰。异哉

音伊哉。伊，他也。今文作嶽曰，异哉。

試可乃已

帝曰。往欽哉

音往勤哉。欽khim，勤khin，收尾m，n，爲互音，說在靜言用違句。

九載。績用弗成

前引周語下曰，四岳佐禹治水，堯嘉之，祚國賜姓，周語實妄言。後之經文未曾說此。四岳之受賜，乃以逆堯志，薦鯀赴險。令舜之政敵，弗能爭帝位。故舜嗣位後酬報之。所謂佐禹治水，不過說人之辭爾。堯典至此，太子朱歟，驩兜歟，共工歟，強族鯀歟，皆已或貶或落，主角不出，其奈天下蒼生何。今文弗作不，載作歲。

帝曰。咨四岳

朕在位七十載

汝能用命巽朕位

音遜朕位。用命，指登帝位，薦諸神明。今文巽作踐。

岳曰。否德忝帝位

曰。明明揚側陋

師錫帝曰

有鰥在下。曰虞舜

帝曰。俞

予聞。如何

岳曰。瞽子

今文否作鄙。否鄙同音。

推在明處者，舉尚無聞者。

今文揚作敭，側一作仄。

側仄同音。

錫，賜，古通用。能賜與帝者，非其師，尚有他人乎。惟在位已七十載，而尚需師訓者，於史未有聞焉。

帝師所舉，必天命所在。此堯所以尚有師也。曰鰥者，實指無正妃，非無妾也。

今文鰥一作矜。鰥矜同音。

父頑。母嚚。象傲
克諧以孝
烝烝乂。不格姦
帝曰。我其試哉
女于時
觀厥刑于二女
釐降二女于嬀汭
嬪于虞

今文象作弟。

孝順，音孝舜也。

音正正乂。乂，治理。

今文有帝曰二字，古文無。

古用刑，今用法，二字於古同義。法又有循法，效法義。

音釐降二女於渭汭，渭水入黃河處。舜實爲有虞氏之君，然既已言在側陋，故云降，以合前文。

帝曰。欽哉

嫁二女以和親。實情如此，偏稱堯賢舜之美德而妻之，護堯顏面，並自美有德也。堯典雖無妙辭絕句，然布局緊密。全篇不見其人，帝師二公主，三面襯托，虛位待之爲結尾。懸念哉，下文也，斯人也。故鄭玄有云，舜之美事，在於堯時。雖搏學者，此文能欺之。琴，文，帝三事，舜俱有之焉。

舜典第二

虞書
虞舜側微
堯聞之聰明
將使嗣位
歷試諸難
作舜典

舜典

曰。若稽古帝舜

曰。重華協于帝

音na契古帝舜。

音長發協于帝。孟子離婁篇下有云，舜，東夷之人也，文王，西夷之人也。夷狄能爲中土之王，其史傳唱九州，二千年不衰，未有聞焉。五胡亂華後，下逮元清，異族之史亦傳至今，然以有紙張版印之助。單以口傳，異族史詩能誦於市井鄉里乎，必鄉黨伐之也。夷夏之辨，乃千古大義。孟子雖曰夷，然下文云，地之相去也，千有餘里。世之相後也，千有餘歲。先聖後聖，其揆一也。

孟子不言東夷西夷，只舉時空。故實指其生近於夷土，非斷其夷人也。商族所居，近東夷之地，其有頌名長發，即本句，此為彼土用辭乎。華**hoa**，發**hoat**。舜音順，孝順有辭，其本名未得聞焉。然不用順，別作新字舜。其形近受字，上方之手授舟，下之手迎接，故曰受。今舜字上手致舟，下兩趾背之，各奔左右，實閃也。親哉，台語哉，此音也。

閃**siam**音禪**sian**。使禪讓，乃其素願乎。史謂堯名放勳，舜名重華，俱由誤信今文家所致。兩帝之名，牒冊未出，如何得知。

堯舜皆近後世諡號也。其子孫不敢呼先祖名，乃稱其號。若無號以分辨，乃就其功過言之。功大者，桓公莊公。過多者，靈王厲王。不窟誰知其名，惟以其失封采事記之爾。其後裔不告，外人弗能聞其名。竹書出土，夏諸后之名始見。牒記猶存，商列王出生日干，史記才能有載。曰重華協于帝者，云其相帝有大功也。

圖四

說文解字受。
相付也。

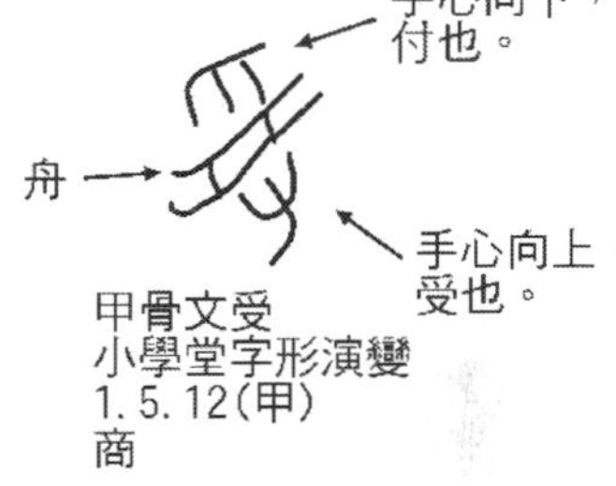
手心向下，
付也。
舟
手心向上，
受也。

甲骨文受
小學堂字形演變
1.5.12(甲)
商

說文解字舜。
象形。从舛，
舛亦聲。草也。

說文解字　舞。
樂也，用足相背。

金文　舞
小學堂字形演變
匽侯銅泡
西周早期

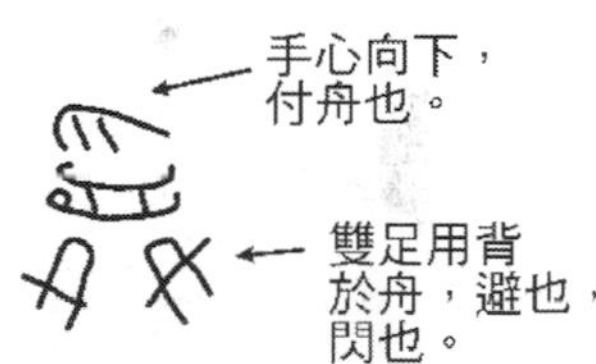
手心向下，
付舟也。
雙足用背
於舟，避也，
閃也。

本書推想之　舜
此乃有虞氏新作字，與草無關。
不象草形，亦不從舛聲。
音順。甲骨文金文，俱無此字。
故以受舞之形推估。

濬哲文明

音俊哲文明。濬哲二字同出商頌長發，說見上句。長發之贊，始於神鳥至於湯。乃湯時之作，其去舜近五百年，十七世有焉，然用語未變。二族相近，無可駁。豈不聞展禽之言曰，商人禘舜而祖契，郊冥而宗湯。舜命契爲司徒，商於是開國，故殷族禘之，有恩復有親也。

展禽又曰，有虞氏締黃帝而祖顓頊，郊堯而宗舜。堯爲舜所逼，恨必深矣，恩則何之有焉，然名分尚在。舜爲婿，又嗣其位也。

溫恭允塞

音溫恭蘊識。

玄德升聞。乃命以位

音賢德，或顯德。

愼徽五典。五典克從

徽章有辭，徽有章義。五典，即三墳五典之五典。如此五帝與五典，實無關。

納于百揆。百揆時敘

音百揆是序。有倫常也。今文納作入，敘作序。今文經與梅賾書，字多有異，然其台語音常同，已證明在堯典。

賓于四門
四門穆穆
納于大麓
烈風雷雨弗迷
帝曰。格汝舜
詢事考言
乃言底可績。三載
汝陟帝位
舜讓于德

今文之異字，不及梅賾文，探究無益。故自舜典起，不再著墨其台語音如何，惟照引王先謙書所錄。

本句納訓出。出納有辭。今文納或作入，麓或作鹿。

偏不使試治水。今文烈或作列，弗作不。

所言俱有績，三年。今文無乃言二字。

汝登帝位。

讓與有德者。

弗嗣

正月上日
受終于文祖

在璿璣玉衡

以齊七政

肆類于上帝

音弗辭。不受辭讓也。弗嗣如解作不嗣帝位，下句受終于文祖，如何解。如倣左傳例，此事當書，七十三年，帝立其婿舜，大子朱出奔房。今文作不台。

音受章于文祖。章者，印乎。

音栽璇璣玉衡，栽音據陳冠學《台語之古老與古典》。栽者，立也。今文璿璣一作旋機。

梅賾書注曰，王者正天文之器，以齊日月五星。今文政一作正。

音時類於上帝。《國語・楚語》觀射父云，是以古者先王，日祭月享時類歲祀。韋昭注曰，日祭於祖考，月薦於曾高，時類及二祧，歲祀於壇墠。祧，廖氏云，遠祖之祀堂。時類或音時酹。酹，廣韵云，以酒沃地，亦祀事也。今文肆一作遂。

禋于六宗

禋，說文曰，潔祀也。今文禋一作湮，一作煙，一作堙。

望于山川

今文一作望秩于山川。

徧于群神

音籩於群神。籩豆者，祭器也。此處借作祭祀用。連四句對仗，用籩字以免犯重。今文一作辯于群神，一作班于群神。

輯五瑞

音至五祟。輯**cip**，至**ci**。梅賾書云，舜斂公侯伯子男之瑞圭璧。今文一作揖五瑞。五祟者何鬼，不知也。惟能順接上句，且對辭六宗山川群神。

既月

音既閱，閱歷有辭。月**goat**，閱**oat**。g在前時，無g之字亦需檢視。見堯典光被四表例。以下仿此。今文作擇吉月。既**ki**，吉**kit**。

乃日覲四岳群牧
班瑞于群后
歲二月。東巡守
至于岱宗。柴
望秩于山川
肆覲東后
協時月正日
同律度量衡

群牧今文作諸牧。
音頒瑞。五字今文作班瑞二字。
守，今文一作狩。夏小正二月，能狩獵乎。
柴，梅賾書注云，燔柴祭天告至，今文一作祡。
音望禘於山川。左僖三十一年云，望，郊之細也。今文本句下，一多班于群神，一多徧于群神。
今文作遂覲東后，一作遂見東后。
今文一作叶時月正日。
今文一作乃同律度量衡。

修五禮五玉

三帛二生

一死贄

如五器。卒乃復

五月南巡守

至于南岳

如岱禮。八月西巡守

至于西岳。如初

十又一月。朔巡守

至于北岳。如西禮

今文當作修五禮五樂五玉。

今文二生一作二牲。

贄，今文作爲摯，一作爲贄。

此南岳未明書其名，下文之西岳，北岳亦然。與前文之覲四岳群牧，各不相關。

今文朔作北。

今古文如西禮作如初。

歸格于藝祖。用特

特，說文云，牛父也。牛父當音牛甫。台語甫，男子也。曰父，似微有年矣。豈不聞乎，一歲大之羊羔。今文作歸假于禰祖用特，禰祖一作祖禰。

五載一巡守

今文作五歲一巡狩。

群后四朝
敷奏以言
明試以功
車服以庸

敷音佈。以下仿此。今文敷作傅。

肇十有二州

今文一作兆十有二州。

封十有二山濬川

音封十有二山圳川。梅賾書註云，每州之名山殊，大之以爲其州之鎮。今文一無此句。

象以典刑。流宥五刑
鞭作官刑。扑作教刑
金作贖刑
眚災肆赦

怙終賊刑

欽哉。欽哉

惟刑之恤哉

音眚災需赦。眚，說文曰，目病生華蓋也。有蓋則不能見外物，因此所生之禍，赦之，不知者不罪也。眚，從生seng，然生另有四音，chinn即其一，故眚亦音睛chinn。睛盲，台語眼瞎也。舜父盲，孝子終日掛念，以至三句不離本行。人皆曰過失，其獨用眚災。古文一作眚烖過赦。

音故障剹刑。續意障礙害人，則剹刑之。賊chat音剹chak，此亦孝子辭彙，盲人焉知前有障。今有機械故障一辭，其與故意何干，不能解也。

欽敬有辭。欽有敬義。

今文恤一作卹，一作謐。

流共工于幽洲

放驩兜于崇山

竄三苗于三危

殛鯀于羽山

四罪而天下咸服

音流姜工。共工姜姓，此其證也。周語亦云，共之從孫四岳，賜姓曰姜，氏曰有呂。本即姓姜，復賜姓之，示有帝王認證也。幽洲今文一作幽陵，一作幽都。

驩兜薦共工，明朋黨也。一流北一放南，分化之。

夏之同姓諸侯有扈氏，啓伐於甘，在渭水中游。三危在上游。

三苗外，餘三人皆舜政敵。

以三苗代堯子朱，成四罪。

竹書紀年有云，舜囚堯，復偃塞丹朱，使不與父相見。史載堯都平陽，今臨汾一帶。荀子者，其地人也，彼曰，舜逼堯，禹逼舜。應是家鄉父老，有聞軼事自平陽城唐族人也。又據廣弘明集，引竹書紀年云，舜囚堯于平陽，取之帝位，今見有囚堯城。則所謂平陽，非堯都明矣。舜都蒲阪，可信，以其乃冀雍豫三州交會處，可宰制華北西半。東方，雖鞭長莫及，然不爲害，以彼域乃

二十有八載

帝乃殂落

百姓如喪考妣

三載四海

遏密八音

月正元日

舜格于文祖

舜故鄉也。豈不聞舜耕于歷山，漁于雷澤，正落此地。今平陽於上古乃近北疆，若爲帝都，東后南后將起舞日，瞻彼帝宅，山河八百，堯力於我何有哉。

今文帝作放勳，古文作放勛。今文作徂落。

今文載一作年。

密閉有辭。上古用密，後世用閉。三載，實爲二十五月。今文遏一作閼。

四字今文無徵。

虞書周人改寫，有之乎。文祖？

詢于四岳。闢四門

明四目。達四聰

咨十有二牧

曰。食哉

惟時柔。遠能邇

惇德允元

而難任人

蠻夷率服

舜曰。咨四岳

今文闢一作辟。

今文達一作通，一作開四聰，一作開四窻。

音曰。惄哉。三字今文無徵。

惟是柔，遠邦能至。今文無惟時二字。

音惇德蘊元。

音而戁任人。戁，說文曰，敬也。敬則必愼。用人將能愼。

音蠻夷輸服。率sut，輸su。有輸誠，輸財等辭。以下仿此。今文率一作帥。

有能奮庸熙帝之載

使宅百揆

今文宅作度。

亮采惠疇

音惠酬。采，食采。有政事乃有食采報酬。能亮其采酬即業績咸熙也。

僉曰。伯禹作司空

帝曰。俞

咨。禹汝平水土

今文俞咨當作咨俞。

惟時懋哉

禹拜稽首

讓于稷。契。暨皋陶

帝曰。俞。汝往哉

帝曰。棄。黎民阻饑

音作饑。古文當作俎饑，今文當作祖饑。

汝后稷。播時百穀

帝曰。契。百姓不親

五品不遜

汝作司徒

敬敷五教。在寬

帝曰。皐陶

蠻夷猾夏

音播食百穀。汝后稷，今古文皆當作汝居稷。

今文遜一作馴，一作訓。

今文一作而敬傅五教，五教在寬。

呂刑篇曰，蚩尤惟始作亂，延及於平民。平民者，虞夏族也。該篇又云，皇帝遏絕苗民，無世在下。平民苗民對辭，故知苗族先亂，其風俗染及虞夏。以此曰，猾夏者，狡猾夏人也。此處稱夏，則知有虞氏已有此稱。

說文曰，夏，中國之人也。彼時中國，即有虞氏。非有虞氏民，即非中國之人。舜之孝，天下聞名，其族或因稱孝族。豈不聞舜所漁之雷澤，同冠有孝字，而稱雷孝澤，即雷夏澤也。取孝ha之聲，而

寇賊姦宄。汝作士
五刑有服。五服三就
五流有宅。五宅三居
惟明克允
帝曰。疇若予工
僉曰。垂哉
帝曰。俞
咨。垂汝共工
垂拜稽首

新作夏字，象有虞氏之民。
而春夏之夏，其本字爲下ha，樹下之季節也。春則來自伸，蔓藤一夜長二三尺之季。秋音收，冬音凍。凡此又豈待約定，始得成俗者乎。

士，理獄之官也。今文一作寇賊奸軌。

今文作五流有度，五度三居。

音惟明克尹。

音疇na予工。省略咨字。

讓于殳斨

暨伯與

帝曰。俞。往哉

汝諧

帝曰

疇若予上下草木鳥獸

僉曰。益哉

帝曰。俞

咨益汝作朕虞

益拜稽首

讓于朱虎熊羆

今文殳作朱。

今文作伯譽。

汝合也。

音疇na予上下草木鳥獸。

今古文作禹曰，益哉。

帝曰。俞
往哉。汝諧
帝曰。咨四岳
有能典朕三禮
僉曰。伯夷
帝曰。俞
咨伯汝作秩宗
夙夜惟寅
直哉惟清。伯夷稽首
讓于夔。龍

呂刑篇云，伯夷降典，折民惟刑。非掌三禮之官。與本篇異。惟名伯夷者，多矣。非必爲同一人。今文伯夷一作柏夷，一作百夷。

今文一作咨伯夷，一作咨爾伯。

音夙夜惟殷。

宗廟尙清。周頌有清廟十篇。

今文夔一作歸。

帝曰。俞。往欽哉

帝曰。夔。命汝典樂

教胄子

直而溫。寬而栗

剛而無虐。簡而無傲

詩言志。歌永言

聲依永。律和聲

音往勤哉。

胄，說文曰，胤也。此乃以經解說文，非由說文訓經矣。原義應由音解之。胄音宙，時間無限延申義。宙子者，假借也，謂綿綿不絕之子孫。今文胄子一作育子。

音寬而勒。雖寬，然不散焉。

剛，強也。傲，慢也。

歌詠言。下句永同此。今文作歌咏言。

今文作聲依咏。

八音克諧。無相奪倫

神人以和

前文四海遏密八音，梅賾書注為金石絲竹匏土革木。皆樂器焉。其彼此有倫常乎，其遞相為君臣乎。實未曾聞。此注誤。

和者，和聲也。既曰和聲，則八音即八度音。舜於禹益稷契等，惟提示遠景爾。獨就樂政，講究至細。無怪乎孟子曰，象往入舜宮，舜在床琴。孟子前文為象掩舜於井，此固有虞氏宣傳之文，不可信。惟舜在床琴，則常有焉。此固其家學也，夔弗能敵之。

夔曰。於

予擊石拊石

百獸率舞

音百獸輸舞。後率字有全體義，疑自此句始。既云百獸，接以全舞，亦順焉。

帝曰。龍

朕堲讒說殄行

音朕忌讒說顛行。堲，梅書注疾。亦通。顛，顛覆也。今文行一作偽，讒一作齊。

震驚朕師

命汝作納言

夙夜出納朕命

惟允

帝曰

咨汝二十有二人

欽哉。惟時亮天功

三載考績

三考黜陟幽明

庶績咸熙

納，出也。出納有辭。今文納一作入。

音惟殷，殷，實也。眞實宣達政令。自百揆起，凡命八政，最終似有所念，懼讒言顛行，而用龍御之。此一言成讖乎。雖雄才明君，竟難逃斯劫。

今文功一作工。

今文熙一作喜。

分北三苗

本句並以下，乃禹黨竄入之章。

分北，分敗也。敗北有辭。非逐之向北。堯未崩時，三苗已竄至二危，然未服。今再敗之。如作驅以向北，則其與共工，得互援焉，自古疆場，無有此策也。

惟三苗原居何處，其爭久矣。作呂刑者，呂侯也，姜姓。彼文亦多言姜姓三苗，而呂封在南陽，故一說三苗居此。另錢穆指在晉南河岸諸山以南，魯山縣以北之地，否定古說在洞庭彭蠡間。錢穆於《古史地理論叢・古三苗疆域考》中，廣收古籍山河之名，以資引證。雖可以是，奈何不必然是。所問難者，在情理之合乎，抑悖乎。晉南河岸諸山，其南即河洛地，華夏人故居也，自古未聞有他族。若三苗居於河岸諸山山中，其既不犯河岸民，何必竄之。左傳之東山皐落氏，即住此。

圖五

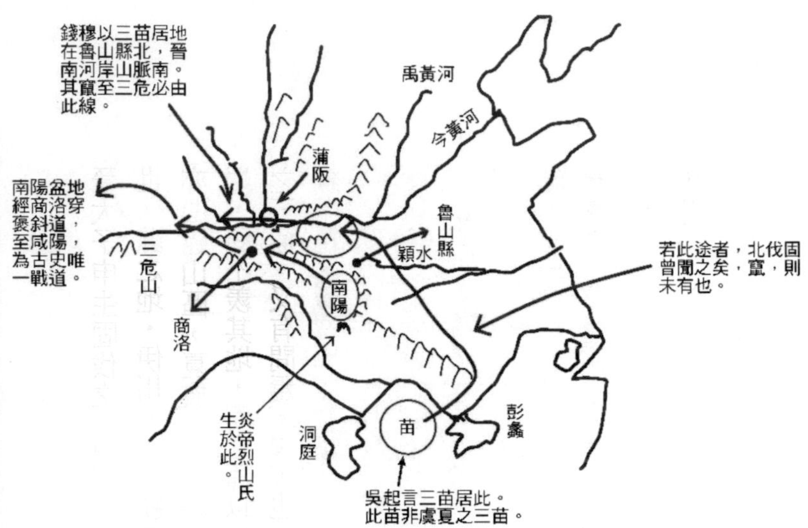
錢穆以三苗居地
在魯山縣北，晉
南河岸山脈南。
其竄至三危必由
此線。
禹黃河
今黃河
蒲阪
南陽盆地
經商洛穿
褒斜道，
至咸陽，
為古史唯
一戰道。
三危山
商洛
魯山縣
潁水
南陽
若此途者，北伐固
曾聞之矣，竄，則
未有也。
炎帝烈山氏
生於此。
洞庭
苗
彭蠡
吳起言三苗居此。
此苗非虞夏之三苗。

晉大子申生固伐之，然爲時也，二千年後焉，非此際地廣人稀之世。餘之地，伊川縣魯山縣其間，即伊水上游，陸渾戎嘗居之地。亦偏遠山區，夏族少涉之域。錢穆所言之區，盡審之矣，北南兩端，既不羨其地，而出師以伐，舜能為之乎。而由此域，竄至西陲之三危，又有問焉。其奔也，千五百里，且過京師蒲阪。雖後世之流寇，能亡天下，其行遠亦不過此。沿途農田，將盡成廢墟。此際虞夏初興，國勢方盛，豈有縱其流竄之理，必前後截而殲之。如是既滅之矣，又何三危之有。故三苗處河洛南北一帶，於實情，有未合焉。

至於洞庭彭蠡，則更不足論。僅南陽一說，於理可通。自此向西北，一路逐之，使過漢中下至三危。乃自古秦楚之徑，沿途皆山，於害為最小。復獲南陽之地，以封四岳。餘留之民亦盡姜姓，其服也易。一舉而利有兩三，故本書亦以南陽爲三苗故居。

錢穆《古史地理論叢》，以下簡稱古史地，引吳起之言曰，昔者三苗之居，左彭蠡右洞庭，汶山南衡山北。語雖出自古籍，本書棄而不論，但就可行與否，斷三苗之居不在此。

吳起之言載於〈魏策〉，戰國時書也。本書所採史籍，凡三焉，曰《詩》《尚書》《左傳》，俱春秋以前冊。春秋以後，自《國語》

起，含戰國諸子，《史記》，皆不全信。《竹書紀年》亦然。吳起所言，已見戰國遊士海口之風。謂其必有所本，小子狂妄，敢疑及古人。

已言自本句起，至文末止，俱禹黨所篡入。何以言之。其一，文句跳脫不連。於庶績咸熙後，突出一分北三苗。其二，頭重腳輕。前篇堯典，於舜美名綿綿鋪陳，若交響樂之首章，弦樂四波咆嘯，盡淹舜之政敵。

本篇之始，舜辟四罪，天下皆服。繼之明聽以任人，則爲第二，三樂章，黑管，小提琴依序登場，由舜一人獨奏，以平衡堯典之不見人影。文末，理應詳載二十二人政績，回應前章之懃任人。並三苗來服，內外昇平。而以君臣大合唱磅礴結尾，如第四樂章般過耳不忘。今卻匆匆五句帶過。

於對稱之美，大有失焉。既虎頭矣，將蛇尾乎。必不然也。

故斷末五句非舜所爲，而大合唱之段，卻見於益稷篇，其爲禹黨所竊也明哉。惟堯典全篇，及本篇前二章，俱作於堯崩前，流傳于外，既有年焉。若竊之，必爲天下所笑。不若君臣合唱，其章未完，外人鮮有所聞。

舜生三十徵庸

三十在位

五十載陟方而死

古文徵一作登。

三十在位句，今文作二十，今文誤哉。經明言受終于文祖，此登用之始也。二十八載帝乃隕落，三載遏密八音，則三十在位也。二十八又三，然曰三十者，三年之喪，實二歲又一月爾。三十徵庸，昔登用。二十八，娶於堯，三載陟帝位，正三十登用也。

月正元日格於文祖，此則第三十一年。或開年未久，禹即迫舜禪位。故曰，三十在位。然大禹謨言，朕宅帝位三十有三載，其差也三年。或起算各異，且僞作焉，其數考之無益。經文此二句眾說不同，且於其數，俱各有所失焉。

音陟房而死。古史地引《史通》云，方即房矣。

又云，「陟方之死爲文命（禹）之志」。據《國語・周語》云，「堯子丹朱之神，憑身以儀房國之女，實有爽德，生穆王」。故史稱丹朱封于房。後有神降于莘。周語又云，彼神即丹朱。莘近虢，虢在今三門峽對岸。故房亦位於此帶。弑君於皇宮外，乃左傳慣例。三十徵庸，五十載死，則舜壽八十。

（舜典完）

帝釐下土方
設居方
別生分類
作汨作
九共九篇槀飫

梅賾書註云，生，姓也。

同書註云，汨，治也。台語音陌作。

又云，槀，勞，飫，賜也。

又云，凡十一是篇俱亡。案劉向之中秘本，較伏生多逸十六篇。鄭玄述曰，汨作，九共俱在其中，槀飫則亡。說與梅賾書異。

大禹謨第三

虞書

皋陶矢厥謨。禹成厥功

帝舜申之。作大禹謨

皋陶謨。益稷

大禹謨

曰。若稽古大禹

曰。文命敷于四海

梅賾書據言僞文二十五，此爲第一篇。

音皋陶示厥謨。

謨音謀，以下仿此。

音文明佈于四海。堯典，舜典，起首皆如此，贊辭也。非傳三帝之名。冊命，詛盟之碟不得，其名弗可知。禹u，虞gu難辨，已說在堯典。又如齊國田氏，原爲陳姓。

據廖氏，田音chan，音符爲ㄘ。而陳爲tan，屬ㄉ，雖不同組，使口齒不清，聽者即不能分。正如英語之t，ts，通用時有。ts即ㄘ。如此田氏，視所需可爲陳，亦可爲田，舌齒之間而已。

今取號禹，乃說舜族人，謂我亦有虞氏也。虞，說文云，白虎黑紋，尾長於身……。禹字亦爲新作，其甲骨形乃一針橫穿一壁虎。

圖六

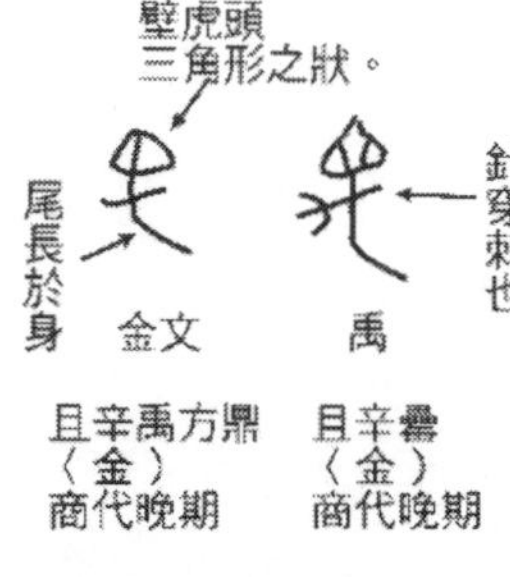

小學堂字形演變

說文解字　禹。

禹，蟲也，象形。許慎未見甲金文，此字實會意，非象形。

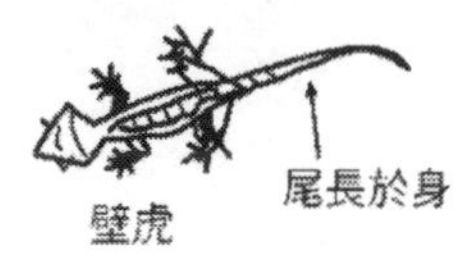

祗承于帝

曰。后克艱。厥后

臣克艱。厥臣

政乃乂

黎民敏德

帝曰。俞

白peh虎，壁phek 虎，音符各爲ㄅ、ㄆ，屬同組，音互通。針穿壁虎即穿白虎。且壁虎有尾，其長過身，此非虞乎。禹作此字，當在奪舜位後。父仇既報，復志得意滿，乃銘紀之。舜發乎歷山雷澤，屬兗州之地。禹貢有云，是降丘宅土，則有虞氏獲田，無以數計。又曰，作十有三載乃同。禹貢九州，惟兗州有此語，用功費時，惟此州最深。舜禹同族，固一因。有虞氏必有報，亦另一因焉。此所以禹得立。

音后克諫，厥后。下句艱同。

諫，進諫也。上句諫作受諫。

音政乃藝。藝，治也。

此處帝乃舜，梅賾書作堯，誤也。

允若茲。嘉言罔攸伏

音殷若此，嘉言罔有伏。殷實有辭。茲cu，此chu。

野無遺賢。萬邦咸寧

稽于眾。舍己從人

不虐無告。不廢困窮

音不虐無靠kho。告ko。此二句王先謙書引程云，出莊子天道篇。

惟帝時克

益曰。都。帝德廣運

音帝德廣遠。此乃偽文，都字作to解否，求答無益。

乃聖乃神

乃武乃文

皇天眷命

奄有四海。為天下君

禹曰。惠迪吉

音惠德吉。

從逆凶

惟影響

益曰。吁。戒哉

儆戒無虞。罔失法度

罔游于逸。罔淫于樂

任賢勿貳。去邪勿疑

疑謀勿成。百志惟熙

罔違道以干百姓之譽

禹曰三句，王先謙書載惠棟云，太平御覽卷八十一引尸子曰，舜云，從道必吉，反道必凶，如影如響。案經文此處可疑，尸子曰舜云，而梅賾僞文作禹曰。其抑舜揚禹也顯哉。再者，舜時言德不言道，而尸子引文用道字，其或以戰國語重述經文，惟梅賾僞文用迪字，更符古經之貌。禹曰二字外，餘三句爲正版。

虞，說在篇首。王先謙書引梅鷟云，《詩》用戒不虞。虞音禦。戒無禦，即戒失備。

自任賢至惟熙四句，王先謙書引梅鷟云，戰國策趙武靈王引尚書文。

罔咈百姓以從己之欲

無怠無荒。四夷來王

禹曰。於。帝念哉

德惟善政。政在養民

水火金木土穀。惟修

正德利用厚生，惟和

道指道術。惟此義不見於上古，作僞甚明。又任賢五句，實教訓辭也。臣如此諫君，未有聞焉。暗貶舜之意，明哉。

咈，否也。

王先謙書引梅鷟云，左文七年文。引姚際恆云，使書文果有水火金木土穀等句，卻缺何必屑屑釋之。案姚言余有辭焉，其駁在俾勿壞句。

王先謙書引梅鷟云，左襄二十八年，「晏子曰，夫民生厚而用利，於是乎正德以幅之，使無黜嫚，謂之幅利」。吾以是知梅賾此二句，爲原經文，非變改左傳。經文簡，然晏子能說之精妙，一如其於左昭二十年，說《詩・烈祖》之亦有和羹句。然此二句屬何篇，則不能知。

九功惟敘
九敘惟歌
戒之用休
董之用威
勸之以九歌。俾勿壞

音改之用柔。休hiu。柔jiu。h 中文音符爲ㄏ，j 音符在ㄐㄑㄒ組。不同組，何以曰休音柔。說在下。

自前十一句水火木金土穀起，至本句俾勿壞止，梅鷟已云其全襲左傳文公七年。

欲明經文，需由左傳。今引如下。「晉郤缺言於趙宣子，曰，日衛不睦，故取其地，今已睦矣，可以歸之。叛而不討，何以示威，服而不柔，何以示懷，非威非懷，何以示德，無德何以主盟。子爲正卿，以主諸侯，而不務德，將若之何。夏書曰，戒之用休，董之用威，勸之以九歌，勿使壞。九功之德皆可歌也，謂之九歌，六府三事謂之九功，水火金木土穀，謂之六府，正德利用厚生，謂之三事。義而行之，謂之德禮。無禮不樂，所由叛也。若吾子之德，莫可歌也，其誰來之。」郤缺之意，衛今已睦，即已服矣。服而不柔，指不歸衛地。如此何以使懷。傳文勿使壞，音務使懷。衛今改不睦爲睦，晉若依然不柔，衛必不懷晉矣。依此上下文，本書曰，戒之音改之，用休則為用柔之誤。一威一柔，對文也。俾勿壞，音俾務懷。勿but，務bu。又梅鷟所謂十一句經文全襲左傳，今以傳文觀之，當反云傳文全章在闡述經文也。經言九歌，卻缺乃釋之曰，指六府三事。其長論之旨，在返衛田，並責趙宣子不務德。無德可歌，故說九歌爲何。復明如何務德，在威柔之餘，當勸之以六府三事，使民懷之。文公七年，春秋經未書晉返衛田事，而左傳載卻缺全文，大其善解經也。奇人異事大功卓見，固史官所必錄者。故曰，戒之四句，乃原版。又，左傳只云夏書曰，梅賾書作禹曰。贊禹之跡，豈非雪地腳印乎。

帝曰。俞。地平天成

音地平天昇，昇高有辭。

六府三事允治

音殷治。六府三事見上解。

萬事永賴。時乃功

音是乃功。王先謙書引梅鷟云，此篇自首至時乃功，謨體也。

帝曰。格汝禹

朕宅帝位
三十有三載
耄期倦于勤
汝惟不怠

總朕師

禹曰。朕德罔克
民不依。皋陶邁種德

梅鷟又云，自此起，典體也。

三十徵庸，今六十三矣。禹奪帝位，乃以此說虞族，曰將敬之養之。

且夏者，虞族之號也，禹以爲國名。如此有虞氏其將服乎，抑不服乎。將必服也。且將傲焉。有損者，舜一人爾。揚名天下者，全族人，列祖列宗，緜緜子孫並與有焉。禹之奪位，有虞氏於是不禦。

總統有辭。

舜典舜讓於德，弗嗣，今文作不台，疑即襲此句，依台同音也。如是本篇禹讓皋陶數句，當非僞作，應是原百篇尚書之文，秦漢之際亡之。

德乃降。黎民懷之

帝念哉

念茲在茲

釋茲在茲

名言玆在茲

允出玆在玆

惟帝念功

念茲五句，王先謙書引惠棟云，左傳襄二十一年，臧武仲引夏書語。

音適之在茲。

音命言茲在茲。

音動出茲在茲。允un，勳hun。允从云hun／un聲，故亦音動。

引夏書止於此。臧武仲續曰，將謂由己一也，信（音先）由己一，而後功可念也。於時魯多盜，臧武仲爲司寇，季孫氏責其不去盜。臧武仲答以「子召外盜而大禮焉，何以止吾盜」。並引此五句經文，復申之曰，先由己一，始能念功也。經文之義既白，王先謙書所引各家之論，不必理會。此五句經文，源自夏書何篇，左傳未明

帝曰。皋陶

惟茲臣庶罔或干予正

汝作士。明于五刑

以弼五教。期于予治

刑期于無刑

民協于中

時乃功懋哉

皋陶曰。帝德罔愆

臨下以簡。御眾以寬

罰弗及嗣。賞延于世

宥過無大。刑故無小

示。

眾卿勿干我政。

音期於有治。

罰不及子孫，賞延至後世。

原句為宥過無至大，至省略。下句同省至。此如堯典曰永星火，日短星昴句法。過，過失，故，故意也。即舜典之眚災故障。

罪疑惟輕。功疑惟重

與其殺不辜。寧失不經

好生之德。洽于民心

茲用不犯于有司

帝曰。俾予從欲以治

四方風動。惟乃之休

帝曰。來。禹

降水儆予

成允成功。惟汝賢

罪不能定，則取輕者。功弗能決，則敘從重者。

與其錯殺一人，寧願放過一千。音寧失不競。競，說文曰，逐也。

不逐，即縱容義。王先謙書引梅鷟云，左襄二十六年文。

休，說文曰，息止也。从人依木。案依木後或當補於夏二字。庇蔭

也。

以下仿此。

音洚水競禦。洚、洪、共三字同音。競禦，逐而禦也。

克勤于邦。克儉于家
不自滿假。惟汝賢
汝惟不矜
天下莫與汝爭能
汝惟不伐
天下莫與汝爭功
予懋乃德。嘉乃丕績
天之曆數在汝躬
汝終陟元后
人心惟危。道心惟微

音不自滿加。

音惟汝不競。

商周皆言天命。言曆數則未有焉。天命由神，曆數則不求神，不問龜，而尋策術。所謂筮短龜長，應從龜卜，此乃春秋以前，卜官所爭。此句梅鷟云，襲自《論語．堯曰》。則論語之訛語，亦多矣。堯以舜賢而禪讓，此儒門傳經之說也。今其之論語，又主曆數之言。自分兩途，亦從來未見清理。

惟精惟一。允執厥中

無稽之言勿聽
弗詢之謀勿庸
可愛非君。可畏非民

眾非元后何戴
后非眾。罔以守邦
欽哉。慎乃有位
敬修其可願

四海困窮。天祿永終

堯曰篇云，「咨，爾舜，天之曆數在爾躬，允執其中，四海困窮，天祿永終」。僞文析散在十八句間。

二句句終俱省略乎字。

音敬修其可遠。願goan，遠oan。

音四海勤競，天祿永從。上句可遠，此處四海，不乃相承乎。而堯曰篇，前無人心道心二辭，將執何處之中，弗可知也。下跳至四海困窮，其妙莫能明於儒門，既二千又五百年哉。

惟口出好興戎
朕言不再
禹曰。枚卜功臣
惟吉之從
帝曰。禹
官占惟先蔽志
昆命于元龜
朕志先定
詢謀咸同。鬼神其依

爲政之道，仲尼云禮，云薄賦，至於求富求發，則未有聞也。窮困或因地脊，如是將天祿永絕乎，或天祿永續乎。俱無理哉。此二句以台語解，則前人之強說，俱得免。仲尼門下，無一知上古音者。尤要緊者，堯曰文跳突不連，梅賾書則平順。孰近原經乎，本書從僞文。

音媒卜功臣。

音官占畏先蔽志。

音困命於元龜。

龜筮協從。卜不習吉

王先謙書云，左哀十年傳，趙孟曰，卜不襲吉。王得台語音焉。君臣心志齊一，實大吉。

既吉，不再卜。此處言元龜，前文卻舉曆數，其作僞可見。

禹拜稽首。固辭

帝曰。毋。惟汝諧

正月朔旦

受命于神宗

率百官若帝之初

率音帥。依梅鷟言，典體止於此。

帝曰

咨禹惟時有苗弗率。

本句起迄文末，梅鷟曰，誓體也。音惟是有苗弗事。率sut，事su。史所謂，以服事夏商即此義。

汝徂征

徂，往也。

禹乃會群后。誓于師

曰。濟濟有眾

咸聽朕命

蠢茲有苗。昏迷不恭

侮慢自賢。反道敗德

君子在野。小人在位

民棄不保。天降之咎

肆予以爾眾士

奉辭罰罪

爾尚一乃心力

其克有勳

三旬。苗民逆命

音多多有眾。

音昏迷不共。

道，德同見，此戰國老子起，始有之也。王先謙書引程顥說此句甚詳。

音使予以爾眾師。

音奉辭伐罪。

益贊于禹曰
惟德動天。無遠弗屆
滿招損。謙受益
時乃天道
帝初于歷山。往于田
日號泣于旻天音號泣于明天。
于父母
負罪引慝。祇載見瞽瞍音負罪隱慝，至再見瞽瞍。
夔夔齋慄。瞽亦允若音夔夔載慄，瞽亦恩／慇搊。

《詩・蓼莪》即音搊我。
至誠感神。矧茲有苗音甚此有苗。矧sin，甚sim。以下仿此。
禹拜昌言。曰。俞

班師振旅

帝乃誕敷文德舞干羽于兩階七旬。有苗格

音扳師鉦旅。扳，从手从反，返也。鉦鐃同類。鼓聲以進，鐃敲以退。鉦旅，敲鉦退兵也。

梅鷟云，伏生今文無典謨誓雜者。此文混三體而成一篇，變亂聖經如此。梅鷟所辨實精，雖然，亦有難焉。文體固混三，其旨則一。即三體盡說舜不及禹，與皋陶謨，益稷密合。後二篇伏生今文尚在，作僞者能知其要義，無足爲奇。惟本篇處處寫舜不如禹，益，皋陶，於作僞之理，實大有悖焉。堯典舜典中舜美事多矣，於此篇則遜甚。世人能不疑乎。作僞者掩人耳目尚且不及，豈有明示天下其疑點者。故曰，本篇雖亡，然散簡尚在，作僞者據以編造成篇。如是則大禹謨非全僞。錢穆有云，作僞文者能欺騙天下讀書人，近二千年之久，乃因其篡輯諸散佚之經句入其書故。於是本篇有杜撰，亦有原文。固非本貌，惟斷垣猶存。所問者，僞句多乎，抑原字多乎。至於原字又歸何篇，此則弗能以答。依此，大禹謨，其眞多於僞。以下各僞篇之辨仿此。

皋陶謨第四

虞書

皋陶謨

曰。若稽古皋陶

曰允迪厥德

謨明弼諧

禹曰。俞。如何

皋陶曰。都慎厥身

修思永。惇敘九族

皋陶，一作咎陶或咎繇，非名，乃號也。咎音皋／過／告。獄giook，約iook／ioh，繇io／iau，陶iau。故由咎獄轉至咎繇／陶。

音曰引迪厥德。迪，道也。此開宗明義之句，全篇要旨盡出。知皋陶邁種德二句，乃眞大禹謨文，以其與本篇，相呼應也。

音to慎厥身。

今文惇一作敦，敘一作敘。

庶明勵翼

邇可遠。在茲

禹拜昌言曰。俞

皐陶曰。都在知人

在安民

禹曰。吁。咸若時

惟帝其難之

俞今文昌一作讜，一作黨。

昌chiong，讜／黨tong。甘氏之ch，即國際音標之ts。ts、t互用，中英皆然。母音ong、iong，互通，見五子之歌其二，牆亡二字。以下仿此。故今文之異字，仍未出本書音例。

音to在知人。

音咸若是。

帝，梅賾書曰堯，誤焉。指舜。大禹謨等三篇，其旨一也，在說禹之功與賢，俱舜所不及。故此處在明舜不知人。今文一作惟帝難之。

知人則哲

能官人安民。則惠黎民懷之。能哲而惠

何憂乎驩兜

何遷乎有苗

何畏乎巧言令色孔壬

哲一作悊。

今文而作能，一字且。

驩兜既在王廷，知堯不以爲憂。以爲患者，帝舜也，故放至崇山。以此知前六句之帝，非堯也。

竄使至三危。

音孔認。全認同也。凡帝所欲，弊否一律贊同。梅賾書壬作奸佞，誤焉。豈有明知其奸佞，而仍使在朝廷之理。孔認，則帝不能察焉，其過其弊，將無所止。仲尼曰，巧言令色，鮮矣仁。明出自此經文，惟其以孔壬音空仁。空仁，即鮮以仁。引詩書如此，於春秋士大夫，實未有聞。左傳襄公28年云，賦詩斷章，余取所求焉。今仲尼乃斷句，非斷章也。乃因其心不在書所至。原文巧，令，

皋陶曰

都亦行有九德

亦言其人有德

乃言曰。載采采

禹曰。何

皋陶曰

孔，三字對仗。今仲尼音孔爲空，與前二字不對矣，至斷一句爲二。雖稱孔門六藝，然於詩書，孟子所發揮者，數十倍於孔子。知孟子出師矣，而仲尼猶未也。

射御兩藝，見乎藝左傳者多矣。有鬥射師者，名廉，廉音捻，明其於曲曲捻箭之處，即已過人多焉。仲尼師徒於此藝，有堪聞之者乎。惟嫻於禮，左傳亦多有贊辭。故曰，樂射御書數，仲尼之教，不過備其書冊而已。除外，其可告生徒者，少哉。左傳昭公20年，晏子論和與同，於孔認之害，盡辨焉。同，即孔壬也。

音to 亦行有九德。今文都下當有俞字。

今古文作亦言其有德。

采，風采也。

寬而栗。柔而立

愿而恭。亂而敬

擾而毅。直而溫

簡而廉。剛而塞

疆而義

彰厥有常。吉哉

日宣三德

栗音勒，見舜典。今文栗一作慄。

梅賾書之栗，義在音不在字。今文之慄，義在字，即顫慄也。如此舜爲厲王矣。

音玩而恭。玩世，然不致不恭。今文作愿而共。

音簡而凜，雖簡素，然有威也。

剛而塞，音剛而釋。剛而放，對舜典剛而無虐。古文一作剛而寒。

音強而義。此乃九德，迥異乎忠孝仁愛信義和平之八德。皋陶所說，近於修養，乃襲舜告夔之文。無新義。且於原作者前，長篇大論，非班門弄斧乎。虛構此景，純爲贊禹貶舜爾。

上述九德之三。

夙夜浚明有家

浚明音絢／紃明。俊明有家對下文亮采有邦。今文作蚤夜翊明有家。翊對亮。浚**cun**，絢**hian**。兩聲絕異，何以曰互音。廖氏絢炫同聲同義，知絢爲炫之假借字。惟从旬聲之殉徇詢荀皆**sun**聲，故絢亦必有此音。又紃**sun**，說文云，圜采也，从糸川聲，詳遵切。案糸川聲之川，於此音**chng**，故曰，詳遵切。而不音之川字之川緣切，其台語 **choan**。許愼去仲尼，六百有年，仲尼不能上古音，而許能之。左傳以下，古音已絕，諸子書雖偶聞數聲，其門徒不能傳其妙，訛解多焉。故疑上古音者，少典之聲也。

許愼祖自炎帝，此其家用語乎。

日嚴祇敬六德

音日嚴致敬六德。

亮采有邦

翕受敷施。九德咸事

音九德咸樹。翕即熻，使無漏也。

俊乂在官。百僚師師

今文乂一作艾。

百工惟時撫于五辰

庶績其凝

音百公惟是附於五辰。梅賾書注五辰云，五行之時。時辰有辭。撫於五辰，庶績其凝二句，今文無徵。

凝固有辭。

無教逸欲

今文一作無教逸遊，一作亡敖佚欲。敖疑爲教之破字。

有邦兢兢業業

音友邦兢兢謁謁。說文曰，兢，逐也。其甲文从一从二兄，一表終線。兄**heng**，兢**keng**互音，表聲亦表義，二兄競跑也。業**giat**，謁**iat**。友邦爭相來謁之義。

一日二日萬幾

音一入二入萬車。日**jit**，入**jip**。今文幾一作機。

無曠庶官

天工人其代之

天工，庶官代之。下文即說此。今文工一作功。

天敘有典
勑我五典五惇哉
天秩有禮
自我五禮有庸哉。
同寅協恭和衷哉
天命有德
五服五章哉
天討有罪
五刑五用哉
政事懋哉懋哉
天聰明。自我民聰明

天敘二句，今文無徵。勑音利。

此句今文無徵。自音資，對前文勑。

天有典，有禮，有德，有伐罪，皆由人間眾臣代行之。故我亦有五典五禮諸政。

音資我民聰明。

天明畏。自我民明威
達于上下。敬哉有土
皐陶曰
朕言惠。可底行
禹曰。俞
乃言底可績
皐陶曰。予未有知思
曰。贊贊襄哉

音天明威，資我民明畏。
達于二句，今文無徵。有土音有塗。塗，道也。
皐陶所言，但修養爾，政法則空無一字。如此可底行乎。於政，皐陶無功，於助禹有禪讓之名，其則有績焉。
音予未有智思。
禹答曰，美哉，助哉。

益稷第五

虞書

帝曰。來。禹

汝亦昌言

禹拜曰。都帝予何言

予思日孜孜

皋陶曰。吁。如何

禹曰。洪水滔天

浩浩懷山襄陵

下民昏墊

音to帝予何言。今文無帝字。

今文孜孜作孳孳。

今文洪作鴻。

音下民昏㥏。㥏，台語疲累也。

予乘四載

隨山刊木

曁益奏庶鮮食

予決九川

距四海

濬畎澮距川

曁稷播奏庶艱食鮮食

音予先四載。前四年也。今文作予陸行乘車水行載舟，泥行乘撬，山行乘樺／即橋／則梮。甘氏樺梮同音。

音砍木。今古文皆作隨山栞木。

音曁益作庶鮮食。奏coo。作cook，種也。今文庶下多稻字。

決開眾川。

音渠四海。開九川，使通渠四海。

音圳畎澮及川。距kir，及kip。壟下爲畎，即溝也。溝澮，田間水溝。

音曁稷播作庶乾食鮮食。

懋遷有無化居

烝民乃粒。萬邦作乂

皋陶曰。俞

師汝昌言

禹曰。都帝愼乃在位

帝曰。俞

禹曰。安汝止

惟幾惟康。其弼直

音懋遷有無缺舊／久。化hoa，缺koat。缺，不足。舊，過剩也。
懋遷今文一作貿遷。

音丁民乃立。今文乂作艾。

今文師作斯。

音to帝愼乃在位。

今文無此三字。

今文無禹曰二字。

幾，說文云，微也，殆也。安靜舉止，惟微惟康。直，今文作悳。

惟動。丕應徯志

以昭受上帝

天其申命用休

帝曰。吁

臣哉。鄰哉

鄰哉。臣哉

禹曰。俞

帝曰

臣作朕股肱耳目

音丕應殛志。徯he，殛kek。

休，庇蔭也。自惟幾惟康至此句，所言迥異乎商書周書。商書曰，有夏多罪，天命殛之。周書則云，彼荒淫亂政，故天易其命。堯舜乃太平盛世，何易命之有。禹之言，突兀哉。前篇皐陶謨雖云，天命有德，然下句五服五章，則有德明指行封建，非謂天命虞夏以其有德。

帝曰八句，今文作臣哉臣哉，鄰哉鄰哉。

二字今文無。

予欲左右有民。汝翼
予欲宣力四方。汝為

汝爲二字今文無。

予欲觀古人之象
日月星辰山龍華蟲

龍對虎。

作會宗彝

今古文並作作繪宗彝。

藻火粉米黼黻絺繡

音藻華／花芬米。古文藻火一作璪火，粉米一作黺絲，絺一作希。

以五采
彰施于五色作服

今文彰作章。

汝明
予欲聞六律五聲八音

古文聞一作同。

在治忽。以出納五言

汝聽。予違汝弼

汝無面從。退有後言

欽四鄰。庶頑讒說

若不在時。侯以明之

撻以記之

書用識哉

欲竝生哉。工以納言

音在治弗。今文作七始訓。

音勤四聆，述冤參說。欽khim，勤khin。鄰lin，聆leng。聆作人leng／lin，後轉音鄰也。

音na不在時，臒以銘之。臒，說文云，善丹也。以丹石銘之。若不二句今文無徵。

音笞以記之。

經文明言虞夏已有文字。二句今文無徵。

音樂並省哉。欲iook，樂gak。然藥从樂聲，其音藥ioh／iook，知樂尚有另二音也。前亦云六律五聲八音。二句今文無徵。

時而颺之

音時而揚之。今文無徵。

格則承之庸之

合格有辭。

否則威之

音否則遺之。格則二句，今文無徵。

禹曰。俞哉。帝

光天之下

至于海隅蒼生

光天二句，今文無徵。

萬邦黎獻。共為帝臣

音萬邦力獻。黎le，力lek。今文獻作儀，段玉裁云，周禮注獻讀爲儀……皆用伏生尚書也。獻作儀者，實不能明其妙。

為帝時舉。敷納以言

音惟帝是舉。舉任在帝。今文敷作傅，一作賦。

明庶以功。車服以庸

音明試以功，今文得此音。以今文一作有。

誰敢不讓。敢不敬應

帝不時敷同。日奏罔功

無若丹朱傲

惟慢遊是好

敖虐是作

罔晝夜頟頟

罔水行舟。朋淫于家

敢一作能，下多誰字。

音帝不時許同。此句時不音是，仍作原字。舜使禹爲其耳目納言，禹因有此答。君命臣，而臣有辭以回，實奇文哉。惟既有意貶舜，斯怪，亦不足怪矣。

今文上有帝曰二字。古文敖一作奡。

音傲虐是作，此四字今文無徵。

音罔晝夜㿥㿥。今文頟頟作鄂鄂。

自無若丹朱傲，至此共六句，爲禹等要臣詛盟之辭。盟在丹朱出奔後。左傳有例焉。襄公23年云，毋或如東門遂，不聽公命，殺適立庶。又云，毋或如叔孫僑如，欲廢國常，蕩覆公室。皆古盟辭，

用殄厥世。予創若時
娶于塗山。辛壬癸甲
啟呱呱而泣。予弗子
惟荒度土功。弼成五服
至于五千。州十有二師

誦自外史掌惡臣者。文體雷同，故知丹朱出奔，眾臣以其為惡首而盟之。今文作帝曰無若丹朱傲，實屬自然，以歐陽，大小夏侯三家，皆未讀左傳。君不與臣盟。大國之卿，臣也，然可盟小國之君，其位相當。故梅賾書為是。朋**peng**，今文一作風**hong**，一作堋。由朋至風者，或間入枋／祊所致，其台語為**peng**，惟从方聲，故亦音**hong**。

共四年。前文曰，予乘四載。今文娶於上多禹曰二字。

今文一作開呱呱泣，予不子。

音惟方督土功。

舜典曰十有二牧，此篇禹曰十有二師。師之義，經未說明，故爭論者眾，盡皆無功。此篇本禹黨奪位後，為謀自保所作。凡舜之政，概括為己有，亦皆出自己謀，如此章之五服，州十二師，平三苗皆是。其多新政新名，亦屬自然。

外薄四海

咸建五長

各迪有功

苗頑。弗即工

帝其念哉

帝曰

迪朕德時乃功。惟敘

薄，近也。古文薄一作敷。

同州十有二師，不必深究。

音各締有功。迪tek，締te。

音弗即共。今文工作功。諸侯之義務，不任謂之弗共。

禹曰俞哉起，至此三十句多，可謂奇觀。舜命禹納言，禹之答辭贊美，回嘴，醜丹朱，自伐俱有之，最終及於伐三苗。所言五事各殊，亦不見承轉。竟有如此王府文書。

音是乃功，惟書。書功於冊也。禹肆伐己功，而舜曰是。則堯典舜典所載一切政績，盡屬諸禹，且舜認證於此矣。故曰，堯典舜典乃久傳在外，惟末七句實禹黨所爲。現作益稷，在證明前二文非，而

臯陶方祇厥敘

方施象刑。惟明

夔曰。戛擊鳴球

搏拊琴瑟以詠。

祖考來格

虞賓在位。群后德讓

今說是也。今文敘作序。

音臯陶方接厥士。祇ci，接cih。今文敘作緒，方作旁。

音惟憫。舜典曰，欽哉，欽哉，惟刑之恤哉。

音敲擊鳴球。戛khiat，敲khiak。球，梅賾書曰，玉磬也。禹貢云，厥貢惟球琳琅玕。今文戛擊一作拮隔。拮kiat。

音撥撫琴瑟以詠。搏pook，播poo／po，簸po／poa，撥poat。代代吟誦相傳，文白音替用，遂由撥返至搏。

今文格作假。格kek，假ke。

祖考，國賓，群后俱全，此祭典之場景也。禹，臯陶之長篇教訓，於斯境隔礙多矣。故疑夔戛擊鳴球以下，至文末君臣迭唱，爲舜典原稿。禹，臯陶竊之，至成情境錯置。文體前爲謨，此屬典，兩體

下管鼗鼓。合止柷敔

笙鏞以閒。鳥獸蹌蹌

簫韶九成。鳳皇來儀

夔曰

於。予擊石拊石

百獸率舞。庶尹允諧

帝庸作歌曰

勑天之命。惟時惟幾

雜出，梅鷟何不難之。以聖人所傳，故回之也乎。

柷，說文曰，所以止音爲節。敔，廖氏輯有鼓敔一辭，亦止樂之用。下管，柷類。鼗鼓，敔類。故曰，合止柷敔。今文鼗作鞀。

音笙鏞以間，鳥獸昌昌。今文蹌蹌作鶬鶬，古文作牄牄。

音簫韶赳成。今文韶一作招。

此句今文無徵。

音百獸輸舞，庶尹殷諧。

音惟是惟機。即天命之來，正是時機也。有喜哉，故歌。若如平常，何興緻之有。今文勑thek 作陟tek。

乃歌曰

股肱喜哉。元首起哉

百工熙哉

皋陶拜手稽首

颺言曰。念哉

率作興事

愼乃憲。欽哉

屢省乃成。欽哉

乃賡載歌曰。元首明哉

股肱良哉。庶事康哉

又歌曰。元首叢脞哉

今文颺作揚。

音帥作興事。

音愼乃顯。

省，反思也。

音乃更載歌曰。

音元首叢濁哉。對前章明哉。

股肱惰哉。萬事墮哉

帝拜曰。俞。往欽哉

禹貢第一

夏書

圖七

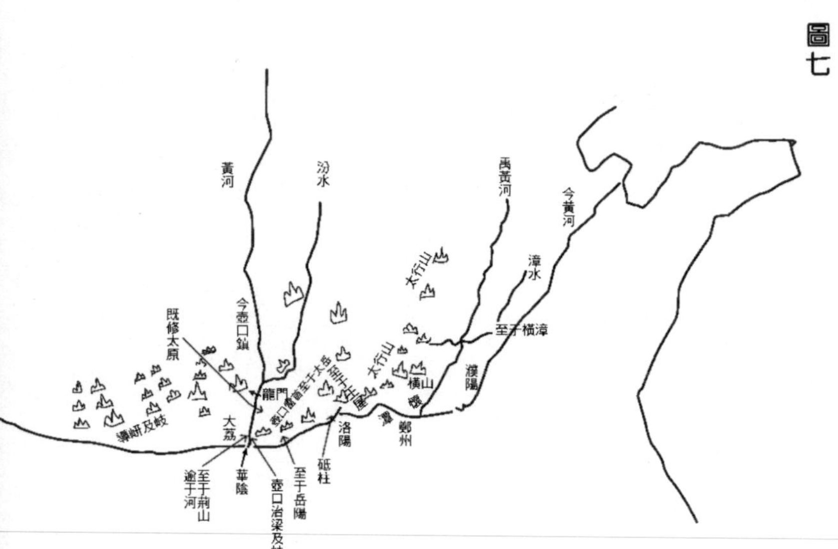
黃河
汾水
禹黃河
今黃河
太行山
漳水
今壺口鎮
既修太原
至于橫漳
太行山
橫山
龍門
壺口雷首至于太岳
濮陽
導岍及岐
大荔
洛陽
鄭州
至于荊山
逾于河
華陰
壺口治梁及岐
至于岳陽
砥柱

禹別九州。隨山濬川

任土作貢

禹貢

禹敷土。隨山刊木

奠高山大川

冀州既載

壺口治梁及岐

既修太原。至於岳陽

覃懷底績

責任有辭。

音隨山砍木。今文敷一作傅，刊作栞。

定高山大川。奠定有辭。

音冀州既作。載cai，作co。早cai／co字介入所致。

冀州各地，本書說不同舊本，見附圖。梁，岐，辨在大雅篇。壺口，在今大荔朝邑鎮南，緊鄰雷首山，說見導水段。

太原，雷首山（中條山）北平原。岳陽，中條山南。

音潭橫底績。潭，今滎陽一帶，水深如鐔也。懷，今武陟縣境。兩

至于衡漳

厥土為白壤

厥賦惟上上錯

厥田為中中

恆衛既從

大陸既作。島夷皮服

地間禹黃河由東流折向北東，故地名横，此字甘氏輯有hoai音，同懷聲。

音至於横漳。衡／横，音heng。台語一字俱有數聲，已言不盡列示，惟標出互通經文者。漳水自西向東，於北向之黃河爲横。

梅賾書曰，田賦第一雜出第二。今文無惟字。

依梅賾書，田之肥瘠居第五。

音横衛既從。衛水亦東流。順從有辭。

大陸指黃河北向後，河西岸至太行山間之地。島夷，今文古文經俱作鳥夷，從之。商族自稱祖出神鳥，高麗人亦然。恆衛鄰兗州，音燕州，燕鳥之鄉也。其南為山東半島，嬴姓之原居地。嬴音鷹。其後嗣有曰中衍者，爲殷中宗御，鳥身人言。此地又有郯氏，少皞之後，以鳥名官。皆神鳥信仰。惟均有封有氏。餘無封者，則爲夷狄。故鳥夷皮服，音鳥夷丕服，服從也。

夾右碣石入於河

今文河一作海。

濟河惟兗州

濟，今黃河。河，禹黃河。其間即兗州。今文作濟河維沇州，一作沇河惟沇州。

九河既道。雷夏既澤

既道音既導，本篇皆倣此。雷夏音見舜典。

灉沮會同。桑土既蠶

音灉沮會通。今文灉作雍。

是降丘宅土

洪水既治，降自丘而宅於平地。今文一作民乃降丘度土。

厥土黑墳

黑墳音黑糞。糞者，肥沃也。

厥草惟繇。厥木惟條

音厥草惟么，小也。條，小枝也。兩字訓詁俱從說文。惟條，木修長之義。二句今文作草繇木條。

厥田惟中下

田屬第六等。今文作田中下。

厥賦貞

音厥賦徵。今文無厥字。

作十又三載乃同

十三年乃成。今文載作年。

厥貢漆絲。厥篚織文

織文，布精細者。篚，說文曰，車笭也。笭，車之蔽也，圍屛乘者用。同音有囪字，亦關閉也。由此引申爲筐義。惟篚字古來無辭。故疑篚音櫃，篚hui，櫃kui，今文一作棐。

浮於濟漯達於河

今文達一作通，濟一作泲。

海岱惟青州

海濱泰山之間。山東半島伸入海，上下四方，有四面爲青，故曰青州。

嵎夷既略。濰淄其道

厥土白墳。海濱廣斥

厥田惟上下

厥賦中上

厥貢鹽絺海物惟錯

岱畎絲枲。鉛松怪石

據堯典，嵎夷居陽谷。略，經略。

音厥土白糞，海濱廣遡。遡，遠也。今文作海濱廣潟。潟字廖氏未收，但輯有寫瀉，俱音siat。寫，从宀舄聲。故可推潟亦音siat。拆坼俱音thiat，則斥亦然。潟斥子音各爲s、th，同在t、s、ts，音變之例。

梅賾書云，田第三，賦第四，以下田賦俱倣此。今文無厥惟字。

音厥貢鹽晞海物惟錯。絺，梅賾書曰，細葛布，其從說文也。惟鹽，海物句中，夾一葛布，於作文之理，其有背焉。絺thi从希hi聲，故亦得音hi，即晞，晾曬也。鹽晞海物，即鹹魚類。今文無厥字。

音代山縑絲枲。畎khian。縑kiam，絲絹。枲，麻也。

萊夷作牧。厥篚檿絲

浮于汶。達于濟

海岱及淮惟徐州

淮沂其乂。蒙羽其藝

大野既豬。東原底平

厥土赤埴墳

草木漸包

作牧，既治也。舜有十二州牧。

檿，廖氏曰山桑，弓材也，故檿絲音檿矢。夷，說文云，从大从弓，東方之人也。今文檿作畬，甘氏廖氏俱未輯此字。

今文達作通，本篇均仿此。

徐州音泗州，泗水其西界也。上古四瀆江，河，淮，泗。

乂，藝，皆治理義。

音大野既治。既治，底平對仗。今文豬一作都。

音厥土赤黐糞。黏黐黐有辭。埴tit，黐thi。

包者，柑枳橘柚類。

厥田惟上中。厥賦中中

厥貢惟土五色

羽畎夏翟

嶧陽孤桐。泗濱浮磬

淮夷蠙珠暨魚

厥篚玄纖縞

浮于淮泗。達于河

今文無厥惟字。

今文作貢土五色。

音羽乾，乾爲陽。羽山之陽。夏翟，雉名。翟一作狄。

羽畎嶧陽泗濱，夏翟孤桐浮磬，各對辭。

音淮夷篚珠及魚。淮夷以竹篚捕蚌，魚。若解爲貢珠，魚至京師，其臭腐哉。暨ki，及kip。今文作淮夷玭珠臮魚。玭phi，蠙pin，蚍pi／pin。

黑，白絹帛也。

今文河作荷。

淮海惟揚州

彭蠡既豬。陽鳥攸居

三江既入。震澤底定

篠簜既敷

厥草惟夭。厥木惟喬

厥土惟塗泥

厥田惟下下

厥賦下上上錯

音洋州。

音彭蠡既治，鴦鳥有居。今文豬一作都，一作瀦，攸一作逌。

今文震cin一作振sin。

音篠簜既佈。篠，竹箭材。簜，大竹今文一作竹箭既布。

音厥草惟妖。喬，橋樑也，高大義。

今文無惟字。

賦第七。今文無厥惟字。

厥貢惟金三品

瑤琨篠簜

齒革羽毛惟木

島夷卉服

金三品，金銀銅也。琨，亦玉也。

今文一作瑤瓚篠簜。琨khun，瓚koan，蜷khoan／khun。由琨至蜷而止於瓚。

今文無惟木二字。台語音圍木。莊子人間世，「見櫟社樹，其大蔽數千牛，絜之百圍」。今文毛作旄。

音島夷歸服。卉hui，歸kui。今文作鳥夷卉服。自冀州起迄此，鳥夷，嵎夷，萊夷，淮夷，或服或牧，正唱和前五篇之語。舜典曰，遠能彌。欲遠邦來也。大禹謨曰，四夷來王。又曰，七旬有苗格。皋陶謨云，友邦競競謁謁，一入二入萬車。益稷曰，外薄四海，咸建五長。數篇之旨，一以貫之，即內修文德，外服四夷。或謂大禹謨作僞，或疑禹貢成書晚至周時，然二文必有所本，且其本應近原文之半。不然將如何五篇一致。島字，今文古文經並作鳥。說文作㠀。

厥篚織貝

厥包橘柚錫貢

沿于江海。達于淮泗

荊及衡陽惟荊州

江漢朝宗于海

九江孔殷

沱潛既道

雲土夢作乂

音厥櫃漬貝。鹽漬也。

音厥包橘柚輸貢。今文包作苞。

即沿於江海。今文作均江海，通淮泗。

在荊山以東，衡山以南。衡山，古史地指在今南召縣。如此南陽盆地屬荊州矣，有疑焉。彼土自古外於荊州。據元和誌，棗陽縣，漢時仍屬南陽郡。故襄陽棗陽一線，小丘橫列，當即衡山。此線者，所謂豫章也，見圖一。其北南陽盆地，其南即荊州。

音九江孔引。

今文作雲夢土作乂。

厥土惟塗泥
厥田惟下中
厥賦上下
厥貢羽毛齒革
惟金三品。杶榦栝柏
礪砥砮丹。惟箘簵楛
三邦底貢
厥名包匭菁茅
厥篚玄纁璣組
九江納錫大龜

音杶櫛栝柏。廖氏曰，杶，琴材也，栝，檜木也。三句今文無厥惟字。

磨利之砮彈，丹音彈。箘簵楛皆箭材。今文作維箘簬楛，一作箭足杆。

音厥皿包軌菁茅。

音厥櫝玄燻鰭簇，魚翅也。

音九江納輸大龜。

浮于江沱潛漢

逾于洛。至于南河

荊河惟豫州

伊洛瀍澗。既入于河

滎波既豬。導菏澤

被孟豬。厥土惟壤

下土墳壚。厥田惟中上

厥賦錯上中

厥貢漆枲絺紵

荊州黃河之間。

音滎波既治。滎波，前述冀州之覃也。今文作滎播既都。

音陂孟豬。孟豬，宋國澤名，今文一作明都，一作盟豬，一作孟諸。

音下土糞壚，肥沃而黑也。

今文無厥惟字。

紵，紵麻布也。今文枲作絲。

厥篚纖纊。錫貢磬錯

纊，說文曰，絮也。絮，其則曰，敝緜也。惟纊从光，既有光，非緜也，必絲也。錫貢音輸貢。

浮于洛。達于河

今文洛作雒。

華陽黑水惟梁州

華山之南，黑水以東。梁，屋梁也，指秦嶺。

岷嶓既藝。沱潛既道

音岷褒既藝。褒山，褒姒之國處焉。

蔡蒙旅平。和夷底績

蔡蒙，二山名。商旅平安，和夷功成。

厥土青黎。厥田惟下上

今文黎一作驪。

厥賦下中三錯

音下中參錯。今文無厥惟字。

厥貢璆鐵銀鏤砮磬

今文璆作鏐。

熊羆狐狸

織皮西傾。因桓是來

浮于潛。逾于沔

入于渭。亂于河

黑水西河惟雍州

弱水既西。涇屬渭汭

漆沮既從。灃水攸同

荊岐既旅。終南惇物

音引桓是來。織皮西傾，俱山名。今文傾一作頃，來一作徠。桓，環繞也，牆垣也。

沔，漢水也。今文潛一作灊，此字廖氏未收。

亂，混也。混亂有辭。

黃河以西，黑水以東。

屬，歸也，歸屬有辭。汭，水相入也。

漆水在朝邑鎮北，沮水，依大雅，在荊山。漆沮既順，灃水亦然。今文灃一作酆，攸一作逌。

音終南順附。物but，附hu。从勿聲之（扐）另音hut，故物亦同。

至于鳥鼠。原隰厎績

至于豬野。三危既宅

三苗丕敘。厥土惟黃壤

厥田惟上上。厥賦中下

厥貢惟球琳琅玕

浮于積石

至于龍門西河

會于渭汭

織皮崑崙析支

渠搜西戎即敘

荊岐，朝邑鎮北之小山。既旅，通商旅。

音至於豬鼠。下濕曰隰。

豬，即宋國孟豬之豬，大澤之義。今文豬一作都。

音三苗丕序。

四物者，俱玉石也。

音織皮崑崙悉及。支ki，及kip。

音渠搜西戎即序。渠搜，戎狄名。今文敘作序。三苗渠搜西戎，各

導岍及岐。至于荊山

逾于河

壺口雷首。至于太岳

底柱析城。至于王屋

太行恆山

至于碣石入于海

揭其名，此舉獨見於雍州。餘州非華夏民者，皆名之曰夷爾。

古文岍一作開。王先謙書引段玉裁云，開从門开聲，古音與岍同。據秦本紀，非子爲周孝王主馬於岍渭間，今隴縣一帶。岐，據尙書正義，約今扶風縣西北，然過近於岍，其說可疑。荊山即公劉所居處，在朝邑。導岍以下至入于海，尙書正義云，爲馬融王肅三條之北。

既分北中南三條，則導山之序，由北而南明矣。前二句曰至于荊山，逾于河。本句之壺口，便處於荊山之南。

今文底作砥。

音太行橫山。太行山南北縱走，於衛輝市北，分岐東向突出，成橫狀。今文恆一作常。

西傾朱圉鳥鼠
至于太華
熊耳外方桐柏
至于陪尾
導嶓冢。至于荊山
內方至于大別
岷山之陽。至于衡山
過九江。至于敷淺原
導弱水。至于合黎
餘波入于流沙
導黑水。至于三危

本句以下至陪尾止，馬融王肅之中條。

今文陪作負，一作倍。背負有辭，陪倍背同音。

音導褒冢。以下倣此。此下至敷淺原止，馬王之南條。

此梁，荊二州之山也。大別者何山，說在下。

音至於橫山。

今文黎一作藜。

入于南海

導河積石。至于龍門

南至于華陰

東至于底柱

又東至于孟津

東過洛汭

至于大伾。北過降水

至于大陸

又北播為九河

同為逆河。入于海

今文底一作砥。

今文孟作盟。

王先謙，引上黨郡屯留云，絳水出西南，東入海。今文伾一作邳。

大陸之北界，在今邢台市至巨鹿縣間。

音同爲椏河，如枝椏也。今文逆當爲迎。逆gek，椏e。

嶓冢導漾。東流為漢

又東為滄浪之水

過三澨。至于大別

南入于江

東匯澤為彭蠡

東為北江。入于海

岷山導江。東別為沱

又東至于澧。過九江

至于東陵

東迤北會于滙

今文漾一作瀁，一作養。

王先謙引沔水注云，武當縣西北四十里，水中有州名滄浪州。

音過三澨。澨se。澨seh，繞行也。依地圖，漢水於襄陽處有數折曲，應是三澨所在。

入於大別先，入江在後，則大別在襄陽宜城間。此左傳之大別也。

杜預注左傳云，大別小別在江夏，其注非禹貢左傳之大別。

今文澧一作醴。

東為中江。入于海

導沇水。東流為濟

今文一無流字。

入于河

溢為滎。東出于陶丘北

滎即覃懷之覃。今文溢作泆。古文出一作至，無北字。

又東至于荷

又東北會于汶

又北東入于海

今文北東一作東北。

導淮自桐柏

東會于泗沂

東入于海

導渭自鳥鼠同穴

音貓鼠同穴。

東會于灃

又東會于涇

今文一作東至于涇。

又東過漆沮

入于河

導洛自熊耳

東北會于澗瀍

又東會于伊

又東北入于河

九州攸同。四隩既宅

古文隩一作奥，一作墺。

九山刊旅。九川滌源

音九山堪旅，可行商旅也。今文刊一作甄。滌源一作既疏。

九澤既陂。四海會同

今文陂一作灑，二字前子音不同組。

六府孔修。庶土交正

音庶土交徵。今文一六府下多三事二字。

底慎財賦

咸則三壤成賦

中邦錫土姓

祇台德先。不距朕行

音祇予德承。賜土姓者，予之德也，敬承不得拒。

五百里甸服

百里賦納總

二百里納銍

三百里納秸服

四百里粟

五百里米

五百里侯服

百里采

二百里男邦

三百里諸侯

五百里綏服

三百里揆文教

二百里奮武衛
五百里要服
三百里夷
二百里蔡
五百里荒服
三百里蠻。二百里流
東漸于海。西被于流沙
朔南暨。聲教訖于四海

音颸南及，聲教迄於四海。東漸起四句，美其行曰聲教，實一統天下也。有不朝貢者，稱修文德以來之，實使知難，而入服爾。禹貢旨義，與前五篇一也。後世說此文之成，至早不能過周。

若果是，則周人既作禹貢，周書，何以天下一統之志，於自家周書爲少，於虞夏書反多。

故曰禹貢晚出，不如說其終成於周，而原形則古矣。又九州中，獨兗豫荊三者不見夷戎，餘六俱有。兗州，顓頊之墟所在。豫州，其大者有虞氏夏后氏，據展禽云，俱禘黃帝而祖顓頊。荊州，楚之所居，史記曰，其先祖出自帝顓頊。歸宗顓頊，三州一也。有戎夷而

禹錫玄圭。告厥成功

隱之，又一也。則禹貢非夏人，尚有人作之乎。楚之蠻夷尤爲多。楚武王自云，（周）成王擧我先公，乃以子男田令居楚，蠻夷皆率服。其時已屆春秋。去禹貢二千多年，尤曰蠻夷率服，則夏時荊州，徧地蠻夷可知。而禹貢篇獨諱言此。其文之出，曰上古可也，曰自楚人，亦非盡無跡焉。豈不聞乎，左史倚相能讀三墳五典八索九丘。九丘之與禹貢，其相從乎，同源乎，抑別異乎。如爲相離，則禹貢獨傳，異誌不聞諸戰國諸子，又難通焉。故曰，其同源也，有是哉。

甘誓第二

夏書

啟與有扈

戰于甘之野

作甘誓

甘誓

大戰于甘。乃召六卿

王曰。嗟。六事之人

予誓告汝。有扈氏

威侮五行。怠棄三正

天用勦絕其命

今予惟恭行天之罰

扈，說文云，夏后同姓所封，戰於甘者，在鄠，有扈谷，甘亭。據元和誌，有扈東北至長安，約二舍。

今文勦一作剿，一作㰇。

左不攻于左

汝不恭命

右不攻于右

汝不恭命

御非其馬之正

汝不恭命

用命。賞于祖

弗用命。戮于社

予則孥戮汝

今文恭作共，一作龔，今一作命。

今文攻一作共。

恭命音共命，以下仿此。四字今文無徵。

今文攻一作共。

今文正作政，

今文恭作共。

今文戮作僇。

音予則奴戮汝。今文孥作奴。

五子之歌第三

夏書

太康失邦。昆弟五人須于洛汭

作五子之歌

五子之歌

太康尸位。以逸豫滅厥德。黎民咸貳乃盤遊無度

畋于有洛之表

十旬弗反

此僞文之二

音俟於洛汭。

盤，來回義。

音田於有洛之瓢。瓢，水流大灣曲處，狀如瓢。

有窮后羿。因民弗忍

距于河

厥弟五人

御其母以從

徯于洛之汭

五子咸怨

述大禹之戒。以作歌

其一曰

皇祖有訓。民可近

不可下

音有弓后羿。據晉地記，河南有窮谷，蓋本有窮氏所遷也。約在今河南滑縣東南。

音拒於河。

以乘載其母。將從太康。

音憩於洛之汭。徯**he**，憩**khe**。汭，說文云，水相入也。即河流交會處。

可親之，不可賤之。

民為邦本
本固邦寧
予視天下
愚夫愚婦
一能勝予
一人三失
怨豈在明
不見是圖
予臨兆民
懍乎
若朽索之馭六馬

前四句押un韻，訓，近，本是也。

婦予，u韻。

乎圖，oo韻。惟台語每字均應有文，白音，而u、oo聲之字，甘氏廖氏大多只輯其一。如乎圖亦另有母音u，則與前婦予，併成四字一韻。

為人上者。奈何不敬

eng韻落在寧明民敬四字。民bin，然岷音beng，故民亦有母音eng。

其二曰

訓有之

內作色荒

音內作色瘋。下句同。

外作禽荒

甘酒嗜音

嗜音，音侈音。嗜si，侈chi。

峻宇雕牆

有一於此

未或不亡

亡牆荒一韻。王荒母音ong，牆爲iong，然毛詩證二聲互通。能用古韻，本歌似非僞。

其三曰

惟彼陶唐。有此冀方

今失厥道。亂其紀綱

乃底滅亡

其四曰

明明我祖。萬邦之君

王先謙書引惠棟云，左哀六年傳，孔子引夏書曰，惟彼陶唐，帥彼天常，有此冀方，今失其行，亂其紀剛，乃滅而亾。王書又引梅鷟云，左傳引夏書，每句用韻，今厥道句，獨不用韻，不知而妄改也。

案行道有辭，作行或作道，未必妄改，轉誦中，有未熟記而取同義字者，此例眾矣。首篇堯典協和萬邦，今文即作協和萬國，邦國有辭。一國一邦，可稱今文經妄改乎。梅鷟實追殺過度。又左傳所引有帥彼天常，梅賾書無此句。若篡自左傳，有漏抄而示人以疑之僞造者乎。其必使全合左傳，始可亂眞。

此少引一句，或以傳授者忘記，或爲竹簡斷破所致。非必僞也。然行字改作道，必至戰國時才得如此。程頤曰，惟《周禮》中始有以道得民，以道爲本語。所言周禮亦戰國時書。

有典有則。貽厥子孫

關石和鈞。王府則有

荒墜厥緒。覆宗絕祀

其五曰

嗚乎曷歸。予懷之悲

萬姓仇予。予將疇依

鬱陶乎予心

厚顏有忸怩

音有典有冊。則cek，冊chek。既有典冊，文字於夏，可謂無乎。

音卷石鑑巾。卷，簡也。鑑，銅鏡也。巾，帛也。和ham。檻ham／kam，故鑑亦音ham。君孫鈞一韻。

有緒祀一韻。

閻若璩曰，此二句改自孟子萬章篇。「既掩舜於井，象入舜宮，將奪琴，弤，二妻，不意撞舜在床琴。」又云，鬱陶思君爾，忸怩。台語音鬱透思君爾，扭耳。思君者，慌張說謊也。扭耳者，心虛狀也。孟子書作忸怩，因古音已亡。梅賾書不察而襲之，復以厚顏接

弗慎厥德。雖悔可追

忸怩，僞跡甚明。

可kho，何ho。ㄎㄏ得互音。且雖悔何追，文意乃通。惟前句已證爲抄襲，此句再深究，又有何益。餘四歌，二三四爲眞，第一則弗能知。

胤征第四

夏書

羲和湎淫。廢時亂日

胤往征之。作胤征

此僞文三。

胤征

惟仲康肇位四海

太康弟，后羿立之。

胤侯命掌六師

羲和廢厥職

酒荒于厥邑

音酒瘋於厥邑。辭同五子之歌二，色荒禽荒。語法一貫。

胤后承王命徂征

告于眾曰

嗟。予有眾

聖有謨訓。明徵定保

先王克謹天戒
臣人克有常憲
百官修輔厥后
惟明明
每歲孟春
遒人以木鐸徇于路
官師相規
工執藝事以諫

二句，梅鷟曰，改自左襄二十一年，祁奚引書曰，聖有謩勳，明徵定保。二句台語音爲聖有謀訓，明旌定保。祁奚續云，「夫謀而鮮過，惠訓不倦者，叔向有焉，社稷之固也，猶將十世宥之」。祁奚言惠訓，故傳文謩勳，台語音謀訓。

謨謩謀同聲。梅鷟稱梅賾書改勳字，解謩勳爲謀勳。然如此惠訓爲惠勳矣，人惠勳，猶將十世宥之乎。梅鷟有問，惟其難也不立焉。

每歲以下六句，梅鷟亦舉其竊自左傳襄十四年。

其或不恭。邦有常刑

惟時羲和。顛覆厥德
沉亂于酒。畔官離次
俶擾天紀。遐棄厥司

乃季秋月朔
辰弗集于房

瞽奏鼓。嗇夫馳
庶人走

羲和尸厥官。罔聞知

音其或不共。案此六句，作爲誓師之文，實未有聞也。離數敵罪過遠，士氣將散焉。

音續擾天紀。

辰者，左傳昭公七年云，日月之會是謂辰。辰音繩。日，月，地球，三點成一線，如一繩，則日蝕見焉。房，東方七宿其一。

梅賾書注曰，凡日食，天子伐鼓於社，責上公。然其注嗇夫爲主幣之官，無據也。馳對走，走者，台語奔也。農夫庶人逃竄。

昏迷于天象
以干先王之誅
政典曰
先時者殺無赦
不及時者殺無赦
今予以爾有衆
奉將天罰
爾衆士同力王室
尚弼予。欽承天子威命
火炎崐岡。玉石俱焚
天吏逸德。烈于猛火
殲厥渠魁。脅從罔治
舊染汙俗。咸與惟新

干犯有辭。

堯典載堯命之首，曰，命羲和，敬授人時。舜典舜肆覲東后，亦以協時月正日爲最先事。

音殲厥巨魁。脅從者赦之。

嗚乎

威克厥愛。允濟

愛克厥威。允罔功

其爾眾士懋戒哉

王先謙書引梅鷟云，「左傳昭二十三年，吳公子光曰，吾聞之曰，作事威克其愛，雖小必濟。不言出夏書」。左傳固未言出夏書，然亦未明出它書。梅鷟所疑，證未足焉。

恩威並施，舉世奉行之帶兵術也。今此四句，主與其多愛而無功，寧嚴威以致勝。此胤侯一人之見爾，四海未必皆行。

胤征完。有僞處，惟似不多。

夏史附考

太康仲康少康

夏史斷逸甚多，去後世最遠，此一因也，舉世皆然。今文經夏史止於啓，時初開國，此二因也。而其於殷則迄盤庚武丁，已中末世之交焉。故不止三皇五帝，夏史亦有疑爲傳說者。周人講述少，致亡逸多有，則爲因之三也。出身庶子，其於嫡系之史跡，抹滅尙且不及，遑論傳諸後人。

少康中興一段，源於左傳楚人。楚者，與嫡系少康同出顓頊，故聞其始末。左傳外，古史地云，獨汲冢紀年載其事爲詳備。惟以台語讀之，竹書紀年言后羿少康一段，尙有可辨之處。今依古史地（雷學淇紀年義證論夏邑鄩酄）條目考證如下。

今本紀年文

帝啟十一年

放王季子武觀于西河

所謂十一年，或任何年，古史地已明言，俱棄其標年不論。餘惟放王季子武觀於西河九字。朱又曾存眞只輯「二十五年征西河」六字。故武觀者，實有乎，或朱又曾失錄乎。史記夏本紀，帝太康失國昆弟五人，其下注引皇甫謐云號五觀也。本書已告，只採詩書左傳，戰國起諸書史一概審之。皇甫謐所言，無與視，自然也。王先謙書於五子之歌篇名下，引惠棟說武觀文頗密。有《國語・楚語》云，「堯有丹朱，啓有五觀……而有奸子」。有《逸周書・嘗麥解》云，「其在殷之五子……用胥興作亂，遂凶厥國」。又有引左傳昭元年，「疆埸之邑，一彼一此，何常之有，於是乎虞有三苗，夏有觀扈……」此三引全說啓有子叛國事。惟五子叛，抑一子亂，不知孰是也。

而紀年曰武觀，楚語言五觀，本書疑紀年此條乃僞作，其源自《墨子・非樂》篇「曰先王之書，湯之官刑，有之曰……，於武觀曰，啓乃淫溢康樂，野於飲食，將將銘莧磬以力，湛濁于酒，渝食于野，萬舞翼翼，章聞于大……」。依此篇，湯有官刑，武觀二書，俱主崇音樂之害也。其台語音爲，……悅於飲食，將將鳴懸磬以力，甚嫪於酒，飫食於野……。嫪，戀惜，飫，宴食也。故武觀或音無管，去管樂之義。五觀實叛，武觀與叛則遠哉。且武，五兩音台語通乎，其證至今未足。而作僞者以此二字中文同聲，又誤以啓有五觀，墨子於武觀，曰啓乃淫溢康樂，二句所指爲同一事，而併成紀年此語。故有觀，或五觀叛，然未能曰有武觀亂。

今本紀年文

夏太康即位居斟尋

武觀之觀，雷學淇云，觀即灌，亦作鄻，又曰觀津，斟觀，在頓丘衛縣。今中國觀朝縣也。本書曰，左傳哀十七年，衛侯夢于北宮，見人登昆吾之觀，披髮北面而譟。傳文所稱昆吾之觀，應即觀地所在，位觀朝縣，濮陽市東北，而衛都即濮陽。

雷學淇云，尋本水名，東入於洛，入洛處謂之尋口，史記謂之斜古之口，唐宋後諸家地志誤爲什谷之口，又誤爲斟谷之口。斟斜斗圤什轉寫益訛，久乃忘返。錢穆贊雷氏能博采群言以相闡。尋一名，而錯至有五字，全賴雷氏比對各地理志，釐清脈絡。眾說紛紜始得歸一。今小子不腆一志之未完，敢以台語音助證其論，薄花聊以添錦上。

圖八

澆過處此乃受斟觀
在壽光之誤導也。
一說斟觀斟尋在此，然此海嵎之地，寒浞何必遠征。
禹黃河
德平
伯靡自鬲收斟觀斟尋之民，不亦遠乎。
鬲
今黃河
壽光
衛水
相所居
斟觀
奡盪舟處
帝丘
有仍
淮南子曰：維出覆舟。然當讀作衛出覆舟。
濰水
有窮
相后緡出奔
少康奔虞
洛陽
虞
夏邑
戈
綸
殪處此，合情理也。
中興
少康居此
斟尋
此線以東諸地名，皆前人註釋所言者。惟距洛陽過遠，於實情多有違逆。

太康畋于洛表
羿入居斟尋
仲康即位居㪷尋
世子相出居帝邱
寒浞殺羿
使其子澆居過

尋／潯／鄩sim。潯，台語水邊也。什sim／sip／cap。什麼台語音sim、mih，然什當不限此一用爾。

斜／啥sia。啥，什麼之義。由什至啥止於斜。斟cim，尋sim之互音。

𡈽，甘氏廖氏未收此字。从土从十，土表義，十表聲，即什音也。

㪷。甘氏廖氏未輯此字。爲𡈽字破簡所致。

各地理志非轉寫致誤，古字本即文白二聲，又東南西北子音微變，同音異字假借，致令一水邊有諸多異說。

雷學淇云，依斟侯。又云，斟即武觀國，所謂斟灌也。本書已言，即昆吾之觀，在濮陽，古顓頊所都，故名帝邱。

論語「奡盪舟」，雷氏指即澆。

相居于斟灌
寒浞滅戈
寒浞使澆帥師滅斟灌
澆伐斟尋。大戰于濰
覆其舟滅之

又云，過，西南至斟尋百餘里。今以元和誌，雷氏所云推估，過東北到斟觀約四百里，截斷斟尋斟觀間通路。奡台語爲noo／go，甘氏廖氏俱從說文，其以奡爲「無若丹朱傲」之傲go。澆kiau異乎傲矣。然果如此乎。

交kiau／kau／ka。骹khau／kha，腳脛也。骹至交，以交聲別作奡字，示其非常人也。夏ka而大其双骹，義即在骹，望而知其骹，異乎眾人。左傳云，澆既多力又善走。奡由此知，非其名，應是號。說在下。

雷學淇引論語「奡盪舟」。又以濰水在山東。濰水當音衛水，元和誌，衛水去觀朝縣約五十里，兩舍之近。又本條朱又曾書無輯，應非原文。左傳僅言使澆用師。大戰於衛，或實有此役，左傳未言，然斟尋去衛水遠矣。戰於衛，當屬滅斟灌時。此條疑後世所添，然雷氏所注奡蕩舟，實正解。骹踩敵舟船舷，蕩以覆之，乃得奡號。

后緡歸于有仍

少康自仍奔虞
伯靡殺寒浞
少康自綸歸于夏邑

自契至于成湯。八遷
湯始居亳。從先王居
作帝誥。釐沃。
湯征諸侯。葛伯不祀
湯始征之。作湯征

由字形求之，从首从夰，或實爲从介乎。介kah，骹／腳kha，非同聲乎，非共一指乎。明澆以其脛聞名。骹从交ka／kiau聲，說kiau之地又書爲澆，从水从堯，水戰之驕也，意能會知焉。雷學淇文本書說至此，餘未言處，俱從雷氏。

有仍，雷氏曰今山東濟寧州。其論爲古文任仍通。謂有仍即有任，風姓國。本書曰，任仍台語音不能互音，古文二字通者，乃字破所致，其形固近也。如此則有仍何在，尚弗能知也。

四條地名見附圖。

伊尹去亳適夏
既醜有夏。復歸于亳
入自北門。乃遇汝鳩汝方
作汝鳩汝方

所舉名諸篇俱亡。

（虞夏書完）

商頌

共五篇

那

猗與那與。置我鞉鼓
奏鼓簡簡。衎我烈祖
湯孫奏假。綏我思成
鞉鼓淵淵。嘒嘒管聲
既和且平。依我磬聲

音猗與thoo那thoo，朱熹集註云，記曰，商人尚聲，臭味未成，滌蕩其聲，樂三闋，然後出迎牲，即此是也。置我鞉鼓音持我鞉鼓。

音奏鼓間間，牽我烈祖。鼓聲間間斷斷，慢奏也。

音湯孫奏樂，遂我祀成。假ka，樂gak。

音鞉鼓延延，hui hui管聲。鼓音緜延。hui，笛聲。

音遺我磬聲。至此未聞有弦樂。

於赫湯孫。穆穆厥聲
庸鼓有斁。萬舞有奕
我有嘉客。亦不夷懌
自古在昔。先民有作
溫恭朝夕。執事有恪
顧予烝嘗。湯孫之將
那一章，二十二句

音有赫湯孫。

音萬舞有斁。斁ek，厭煩也。

懌，說文云，悅也。樂不止也。

惜sioh／sek，从昔聲，即昔有此二音。作sek，與客懌一韻。作sioh，當與作co一韻。已言ong、iong，於韻腳爲一，在臯陶謨。則o、io，亦然也。

恪，說文曰，敬也。

音湯孫之償／獎。以下仿此。烝，冬祭。嘗，秋祭。其他祭典不提，爲成韻也。

烈祖

嗟嗟烈祖。有秩斯祜
申錫無疆。及爾斯所
既載清酤。賚我思成
亦有和羹。既戒既平
鬷假無言。時靡有爭
綏我眉壽。黃耇無疆
約軝錯衡。八鸞鶬鶬

音有得斯福。
音神賜無疆。
音來我祀成。
音既佳既平。平有數聲，其一爲peng，成羹平一韻。
音宗家無言。
音遂我眉壽。
音煜車藻衡，八鑾鏘鏘。

以假以享。我受命溥將

音以駕以享，我受命博長。溥phoo，博phook。

自天降康。豐年穰穰

來假來饗。降福無疆

音來駕來享。

顧予烝嘗。湯孫之將

音湯孫之賞。

烈祖一章，二十二句

玄鳥

天命玄鳥，降而生商
降而生商
宅殷土芒芒
古帝命武湯
正域彼四方
方命厥后。奄有九有
商之先后。受命不殆
在武丁孫子

玄鳥，燕也。兗州，音燕州。

湯數音，於此作tong，以蕩字有此聲也。

經文五句一韻，商茫湯方是也。如此商當作song聲，同宋。惟廖氏甘氏，商僅輯一siong聲，宋一song音爾。此四字其母音，當各具ong、iong二聲。

在孫子武丁。

武丁孫子。武王靡不勝

龍旂十乘。大糦是承

音大許是承。糦音从甘氏。

邦畿千里。維民所止

肇域彼四海

四海來假。來假祁祁

音四海來駕，來駕旂旂／旗旗。俱旗也。

景員維河

音京員／垣惟和。京，說文云，象高大形。

殷受命咸宜

百祿是何

音百祿是荷。

玄鳥一章

二十二句

長發

濬哲維商。長發其祥

洪水芒芒。禹敷下土方

外大國是疆。幅隕既長

有娀方將。帝立子生商

玄王桓撥

受小國是達

受大國是達

率履不越。遂視既發

音我大國是疆，幅垣既長。垣，城牆也。

音有商方長，方興也。娀，解在商書首篇。

音玄王桓拔。玄王，契也。拔高有辭。契，堯司徒爾，非王，稱后稱君則當。惟此乃商人詩，美其祖，非外人事也。

音受小國是答。答應有辭。下句同。

音帥旅不斡，遂誓曁伐。發hoat，伐hoah。斡，彎也。正斡倒斡，

相土烈烈。海外有截

帝命不違。至於湯齊

湯降不遲。聖敬日躋

昭假遲遲。上帝是祇

帝命式於九圍

受小球大球

為下國綴旒

何天之休

台語即右彎左彎。契不迴避，不徘徊。撥越發一韻。

音海外有捷。烈捷一韻。相，契孫，與商同音異字。前已言，義在聲，不於字。

音至於湯作**coe**。孟子云，王者之跡息而詩作。

音上帝是祈。昭**ciau**。

爪**ciau**／**cau**。奏**cau**。由奏經爪至昭。假**ka**，樂**gak**。遲遲，慢奏也，對前句不遲。

球音求。

音爲下國作留。

不競不絿。不剛不柔
敷政優優。百祿是遒
受小共大共
為下國駿厖
何天之龍
敷奏其勇。不震不動
不戁不竦。百祿是總
武王載斾。有虔秉鉞

不爭不求也。

音百祿是樹。

共，或貢，封建體制也。公侯伯子男，各爵位其權利義務。

音爲下國存亡。

音何天之良。

音有鞬並鉞。虔**khian**，鞬**kian**。鞬，說文云，所以戢弓矢。鉞**oat**。惟斾鉞二字，與前後句，或其彼此，俱不成韻，於詩罕見。廖氏音作**oat**之字，有悅說閱者，並皆有**iat**聲，鉞字或亦如是，若然，則鉞與下文連韻。

如火烈烈。則莫我敢曷

苞有三蘖。莫遂莫達

音匏有三葉。蘖**giat**，葉**iap**。匏瓜子葉爲二，爲三則難長成。

九有有截。韋顧既伐

音九有九捷。三蘖莫遂對九有九捷。疆土於湯，則不愁過多。

昆吾夏桀

桀**keh**／**kiat**。韋，今滑縣東。顧，今范縣。昆吾，今濮陽市。先韋顧，以其小也。次昆吾。而夏桀未來救，失犄角克商之機。鳴條之戰，先定勝負於此焉。

昔在中葉。有震且業

音昔在中野，有陣／陳且業。葉**iap**，野**ia**。戰陣，功業有辭。既曰中野，所謂鳴條在安邑，即不合矣。正義曰，或云陳留平丘縣，有鳴條亭是也。本書贊此說。元和誌云，「陳留縣東北三十五里，古莘國地也。國語湯伐桀，桀與韋顧之君，拒湯於莘之墟，遂戰於鳴條之野」。夏韋顧聯軍，此說與商頌異。

允也天子。降于卿士

音恩也天賜，降予卿士。子**cu**，賜**su**。

實維阿衡。實左右商王

伊尹亦開國元勳，配享於廟。

長發七章，

一章八句，四章章七句，

一章九句，一章六句。

殷武

撻彼殷武。奮伐荊楚
罙入其阻。裒荊之旅

有截其所。湯孫之緒

維女荊楚。居國南鄉
昔有成湯。自彼氐羌
莫敢不來享

音大彼殷武。讚武丁也。

音芈子其走。據史記，芈姓之楚始受封子男之田，遲至周成王時。惟此乃武丁頌，年代不符焉。然季連芈姓，其後裔中微，或在中國，或在蠻夷，弗能紀其世。故春秋之楚，或僅爲芈姓一支。此篇之芈子，則敗於武丁後喪國。是以周成王時，就芈姓之原子爵，重封熊繹一支。餘支或早爲庶人矣。裒音斧。

音湯孫之樹su。

湯siong，羌kiong。

享hiong。

莫敢不來王
曰商是常
天命多辟
設都于禹之績
歲事來辟
勿予禍適
稼穡匪解
天命降監。下民有嚴
不僭不濫。不敢怠遑
命于下國。封建厥服

承前三句，王當音iong。
多封建。
每年來共。
音勿以禍適。
音稼穡非繼。
音下民有限。
音不敢怠荒。監嚴濫一韻。

商邑翼翼。四方之極
赫赫厥聲。濯濯厥靈

壽考且寧。以保我後生
涉彼景山。松柏丸丸

是斷是遷。方斲是虔

松桷有梴。旅楹有閑

寢成孔安
殷武六章
三章章六句
二章章七句
一章五句

音卓卓厥靈。

松柏完完。完全有辭。景山，見玄鳥篇景員維河句。

音方斲是縴。

音膂楹有影。桷，方形屋椽。梴，說文云，長木。膂，脊也，指屋脊。楹，橫樑。有影，台語有實也。

（商頌完）

湯誓第一

商書

伊尹相湯伐桀

升自陑

遂與桀戰于鳴條之野

作湯誓

音乘自陑。

殷本紀曰，……子天乙立，是爲成湯。

論語堯曰篇云，予小子履，敢用玄牡，敢昭告于皇皇后帝……。乙i，履li，不互音。履疑爲誤聽，殷人命名，素從日干也。湯為稱號。湯thng／thong／siong台語共三音。

圖九

契siat

杕氏壺(金)
春秋晚期
小學堂字形演變

說文：契，大約也。
从大，从㓞。

本書曰，契，從冊從刀從手。
以刀刻竹，寫也。
冊

1483(甲)
小學堂金文
冊，本書以
為其簡為丰。

商

說文云：
商，從外知內也。
內，自外而入也。

河687(甲)
商代
小學堂字形演變

甲2416(甲)
商代
同左

亞鳶　乍且丁
簋〈金〉
商代晚期
小學堂字形演變

頌簋〈金〉
西周晚期
同左

湯誓

王曰

格爾庶眾。悉聽朕言

非台小子敢行稱亂

第三音其傳古矣。最遠曰娀siong。有娀氏之女，玄鳥墜蛋，呑而生契。契非名，乃號。爲舜掌五教。契siat，台語音寫sia，有此藝或業，故其子孫因而稱之。甲骨文之大出於商朝，難怪哉。

契，舜封之於商siong，其孫相siong，因陶唐氏火正而居商丘。夏末時傳至湯。此一族名商，因其土也。然商者，實桑也。傳說湯以身禱於桑林。桑，廖氏收sng、song二音。而song其母音ong不可小音iong，如商乎。可也，既然也。例見於夏書五子之歌之二。

子音s、th，復相通。故商族其所居，即桑林一帶。是以稱有娀氏，舜就其原地重封，示其有帝王認證。因另作新字，商，說文云，从冏，章省聲。章ciong。台語則爲有城名桑siong也。章桑不乃互音乎。

後商亡，周封微子於宋，宋仍音桑，惟更其字，以有別焉。

朕，湯也。然作者，序言已曰伊尹。

音非予／余小子。

有夏多罪。天命殛之

今爾有眾。汝曰

我后不恤我眾

我后，湯也。

舍我穡事

捨我農事不務。

而割正夏

音而渴征夏。割**kat**，渴**khat**。王先謙書引云，今古文皆無夏字。意即本句只而割正三字。然以台語解，梅賾僞文文意順焉。不恤我眾對仗而渴征夏。今文家說此章爲，桀（我后）不恤我眾，捨我農事，而爲虐政。乃釋而割正三字爲而剝／害政也。然割政後世無辭，今文家強說爾。

予惟聞汝眾言

予，湯也。

夏氏有罪

予畏上帝

不敢不正

今汝其曰
夏罪其如台

夏王率遏眾力

率割夏邑

有眾率怠弗協。曰

時日曷喪。

予與汝皆亡

夏德若茲。今朕必往

音不敢不征。

音夏罪其如溢。二句，今文作女其日，有罪其如台。

音肆竭眾力。率sut，肆su。

音肆割夏邑。肆，極力也。今文一作率奪夏國。

率同前句音。

音是日盍喪。曷hat，盍hap。太陽何不消失。

桀我同歸於盡。

音夏德若此。

爾尚輔予一人

今文輔作及。

致天之罰

予其大賚汝

音大利汝。今文賚作理。

爾無不信。朕不食言

爾不從誓言。予則孥戮汝

罔有攸赦

湯既勝夏

欲遷其社。不可

作夏社。疑至。臣扈

夏師敗績。湯遂從之

遂伐三朡。俘厥寶玉

（湯誓完）

曰俘寶玉，未曰俘桀者，已滅夏，實利既有，言加辱之，有害而無益，何必焉。故未曰，俘桀，避直書其名。此筆法自太古而然，又何必待仲尼始出之。桀有乘從之，載寶以備亡，並為獲。三朡何寶之有。

若有，懷璧之罪，能不發自桀，乃至強鄰湯，於數十年間乎。寶必由桀攜至三朡。既俘其寶，前一乘之桀，能獲免乎。左桓六年，「……戰于速杞，隨師敗績，隨侯逸，鬥丹獲其戎車，與其戎右，少師……」。戎右，少師，俱卿大夫也。少師隨侯易乘，故隨侯得逸，且其正身替身，楚軍無以辨焉。又左成二年，鞌之役，「……逢丑父與（齊）公易位，……丑父使公下，如華泉取飲，鄭周父御佐車，宛茷為右，載齊侯以免。韓厥獻丑父，郤獻子將戮之……」。齊侯之乘，逢丑父原為右，見敗績，與齊侯易位。後為韓厥所及，乃命齊侯下車取飲，韓厥攝官承乏（台語音攝官乘發），代御齊侯車也。齊侯則乘佐車以亡去。郤獻子，晉卿也，曾面齊侯。今見逢丑父，知齊侯已逸，怒不可遏而將戮之。韓厥，晉大夫也。雖然，未曾見齊侯。

逢丑父之替，其不能辨焉。且君位，大夫位，相去不過一線。言語行止，弗有疑點可窺。前例之楚軍，獲隨侯車者，未見其名，則爵

誼伯仲伯。作典寶

位去韓厥遠矣，少師隨侯之別，其焉能識哉。故曰，桀爲湯所擒，並其珍寶。若其逸，史當書，獲某某（大夫名）。今未見名，故知所獲者實桀，然隱之也。書序復言，遷其社，不可。證湯有所忌焉。三朡據元和誌，在今曹縣。

上述四篇俱亡。

仲虺之誥第二

商書

此僞文之四。鄭玄云，篇亡，未在中秘本逸十六篇之列。

湯歸自夏。至于大坰

仲虺作誥

仲虺之誥

成湯放桀于南巢

不云逐，而曰放，知桀乃爲俘。

惟有慚德

心有虛也。

曰。予恐來世

以台為口實

音以予爲告實。口khoo，告khook。

仲虺乃作誥。曰

嗚呼。惟天生民有欲

無主乃亂
惟天生聰明時乂

音惟天生聰明是乂。乂，治理也。

有夏昏德。民墜塗炭
天乃錫王勇智
表正萬邦
纘禹舊服

舊服，舊政也。禹貢所謂甸服侯服綏服俱是。

茲率厥典。奉若天命

音茲書厥典，今作此典也。率sut，書su。奉若天命者，說世人以天命若曰也。湯誓云，有夏多罪，天命殛之。然天實未降命於湯，故功成後心有所虛。

湯誓所告，不過天理不容之意。故仲虺作誥，以明湯有受命。果若眞奉天之命，而後有慚德，霹靂斃之矣，何商祚六百年之有。

夏王有罪。矯誣上天
以布命於下

夏王假傳天命。此命非革命之命也。

帝用不臧

式商受命

用爽厥師

上古有湯武革命，惟未聞有虞夏革命，以黃帝前天下分裂，已數百年焉。革命音殛命，殛原天命也。

天帝惡夏。

音錫商受命。

音用商厥師。爽音桑。商，桑音見湯誓。夏王以下至此六句，王先謙書引惠棟云，「墨子非命篇，引仲虺之告曰，我聞有夏，人矯天命，布命于下，帝式是憎，用爽厥師」。墨子所引，稍異於梅賾書。且非命篇此段，惠棟云，另有作帝式是惡，龔喪厥師，或作帝伐師惡，用闕師二種。惠棟又云，喪一作爽。今觀墨子非命篇，後續云，「上帝不順，祝降其喪，惟我有周，受之大帝」。知墨子所引仲虺之告，雖略有異，惟俱主上帝喪厥師。而本書解曰，用商厥師。一啓商師，一喪夏旅，梅賾書，墨子引，何以如是之異，乃以墨子所傳，無式商受命一句也。有受命，於是用商師。無，則惟帝用喪（爽）夏師矣。仲虺既曰，奉若天命，則必有式商受命，又定有用商師之令。而墨子缺之。此句又順接下文，則梅賾書襲墨子

簡賢附勢

寔繁有徒

肇我邦于有夏

若苗之有莠

若粟之有秕

小大戰戰

乎，其訴乏力哉。

音簡賢核適。附**hu**，核**hut**。勢se，適**sek**。

王先謙書引惠棟云，左昭二十八年傳，司馬叔游引鄭書之文。既曰鄭書矣，本句僞文無疑。

音若苗之有秀。秀，其同音者，修，繡，俱作美也，故訓花。說文於此字，以諱光武帝故，段玉裁云其義形聲俱不言。既聲爲秀，則禾表義，乃表音。惟乃無**iu**聲，乃當爲丑字變形而成，爲美觀也。丑**tiu**，母音**iu**。

音若粟之有胚。秕**pi**，胚**phi**。此二句明有夏乃苗爾，粟爾。我商則華哉，胚哉。前句肇我邦于有夏，義即此。

孟子云，湯十一征。

罔不懼於非辜

矧予之德。言足聽聞

惟王不邇聲色

不殖貨利

德懋懋官。功懋懋賞

用人惟己。改過不吝

克寬克仁。彰信兆民

乃葛伯仇餉

初征自葛

東征。西夷怨

無不懼傷及無辜。

矧音甚。矧sin，甚sim。以下倣此。予，仲虺也。

德懋者，茂其官。

音用人惟舉。

音乃葛伯仇享。

孟子云，湯十一征。

南征。北狄怨

曰。奚獨後予

攸徂之民。室家相慶

曰。徯予后。后來其蘇

民之戴商。厥惟舊哉

佑賢輔德。顯忠遂良

兼弱攻昧。取亂侮亡

王先謙書引閻若璩云，孟子文爲東面而征西夷怨，僞古文縮爲東征西夷怨。惟孟子或述其大義爾，非逐句引原章。以用字微異，而斷梅賾書非眞，證不足焉。

湯往征之民。

音缺予后。徯he，缺kheh。孟子梁惠王下引。

音厥爲久哉。

遂，成也。

王先謙書引程顥云，若書詞（經文）果有此二句，左傳不得分取亂侮亡，爲仲虺語，分兼弱攻昧，爲武之善經。程說誤。其言武之善經，是書名乎，抑文名乎，俱非也。左傳原文爲「見可而進，知難而退，軍之善政也。兼弱攻昧，武之善經也」。故世無此經。左傳所謂見可而進，即取亂侮亡，贊曰軍之善政，以對仗兼弱攻昧，武之善經，如是而已。旨在詮釋經文，非使分入仲虺之誥，武之善經二者。程頤於左傳，實誤解焉。

推亡固存。邦乃其昌

德日新。萬邦惟懷

音萬邦爲懷。

志自滿。九族乃離

王懋昭大德

建中于民

以義制事。以禮制心

垂裕後昆

音垂諭後昆。

予聞曰

能自得師者。王

謂人莫己若者。亡

好問則裕。自用則小

嗚呼。慎厥終

惟其始

殖有禮。覆昏暴

欽從天道。永保天命

本篇清儒稱僞文，惟文辭氣盛，堪配開國運勢。且用台語甚多，雖有僞，或不足十之三。惟結尾天道二字，實僞，非彼時用辭也。且既曰商受命，則天道於湯何有。言之無義焉。疑因斷簡，代續其尾所致。

既云本篇非全僞，而鄭玄稱其亡，則戰國後期尚書流傳，必不止一途。百二篇中，梅賾書或得近半，伏生藏有二十八，孟子似在六七十間。惟其門生後人，但傳孟子七篇。詩書等遺物，則任其亡失。近四十篇之義，於是莫能聞焉。

湯誥第三

此僞文之五。鄭玄云，逸十六篇之一。殷本紀載有湯誥，其去本篇也遠哉，惟與書序合，當是原本。

商書

湯既黜夏命
復歸于亳
作湯誥
湯誥
王歸自克夏。至于亳
誕告萬方

誕，發語辭。

王曰
嗟。爾萬方有衆
明聽予一人誥
惟皇上帝

降衷于下民
若有恆性
克綏厥猷惟后

二句音若有恆省，克遂厥有爲后。

夏王滅德作威
以敷虐于爾萬方百姓
爾萬方百姓
罹其凶害
弗忍荼毒
竝告無辜于上下神祇
天道福善禍淫

天道復見，僞文也。此句襲自《國語．周語》，說在下。

降災于夏。以彰厥罪
肆台小子

音使予小子。

將天命明威。不敢赦

音從天命明威。

敢用玄牡
敢昭告于上天神后
請罪有夏
聿求元聖。與之戮力
以與爾有眾請命
上天孚佑下民
罪人黜伏
天命弗僭
賁若草木。兆民允殖
俾予一人。輯寧爾家邦
茲朕未知獲戾于上下
慄慄危懼
若將隕于深淵

音籲求元聖。王先謙書引程云，墨子尚賢篇文。

音天命弗參。僭ciam。參cham。惟簪音cam，故僭亦有cam音。參，台語有辭曰參詳，商量也。天命無可商量，以下倣此。

音紛若草木。此二句倒裝，民繁殖至多如草木。

凡我造邦。無從匪彝

音無從非彝。

無即慆淫

音無即滔淫。即，近也。

各守爾典。以承天休

王先謙書引梅鷟云，「周語單子曰，先王之令有之曰，天道賞善而罰淫，故凡我造國，無從匪彝，無即慆淫，各守爾典，以承天休。今離間其文」。《國語》爲戰國時書，道字已泛行。

爾有善。朕弗敢蔽

罪當朕躬。弗敢自赦

惟簡在上帝之心

音惟監在上帝之心。簡**kan**，監**kam**。

其爾萬方有罪

在予一人

予一人有罪

無以爾萬方

爾有善九句，王先謙書引閻若璩云，墨子引湯誓文。

嗚呼

尚克時忱。乃亦有終

咎單作明居

閻又云，予小子履一段，必非眞古文湯誥之文……爲古湯誓之詞無疑。依閻說，湯誥固僞，且自來所傳之湯誓，亦非全眞，有散迭焉。果如是乎。現引墨子兼愛篇，以驗閻說。

「且不惟禹誓爲然，雖湯說即亦猶是也。湯曰，惟予小子履，敢用玄牡，告于上天后。曰，今天大旱，即當朕身履，未知得罪於上下……朕身有罪，無及萬方」。梅賾僞文即襲變自此。

然此乃湯祈雨於桑林之禱辭，無干湯誥，復無涉湯誓。湯誓者，誓師辭也。引文曰，朕身有罪。既云己有罪，尚能伐夏罪乎。故定爲古湯誓詞無疑，閻說誤哉。何況墨子文稱湯說，未言湯誓。梅賾書之湯誥固作僞，然其湯誓則無缺如故。

音尚克是愼。忱sim，愼sin。本篇僞文無疑。

明居亡。

伊訓第四

商書

此僞文之六。

成湯既沒。太甲元年

伊尹作伊訓

肆命。徂后

伊訓

惟元祀十有二月乙丑

伊尹祠于先王

奉嗣王祗見厥祖

侯甸群后咸在

百官總己。以聽冢宰

音百官總及。己ki，及khip。

伊尹乃明言

烈祖之成德

以訓于王。曰
嗚呼。古有夏先后
方懋厥德。罔有天災
山川鬼神。亦莫不寧
暨鳥獸魚鼈咸若
于其子孫弗率
皇天降災
假手于我
有命造攻自鳴條
朕哉自亳

自嗚呼古有夏至此句，據王先謙書，幾雷同墨子明鬼篇所引商書。然未明言商書何篇，故其引自伊訓，亦非不可能也。

音於其子孫弗師。率**sut**，師**su**。

造攻二句，王先謙書云，孟子萬章引伊訓曰，「天誅造攻自牧宮，朕載自亳」，音天諭造攻至牧宮，朕作自亳。誅**cu**，諭**ju**。載**cai**，作**co**。早**cai**／**co**字介入使然。自cir，至ci。

惟我商王。布昭聖武

代虐以寬。兆民允懷

今王嗣厥德。罔不在初

立愛惟親。立敬惟長

始于家邦。終于四海

嗚呼。先王肇修人紀

從諫弗咈。先民時若

居上克明。為下克忠

與人不求備

檢身若不及

以至于有萬邦

茲惟艱哉

敷求哲人

俾輔于爾後嗣

咈，說文曰，違也。

與人音於人。

制官刑。儆于有位

曰。敢有恆舞于宮

酣歌于室。時謂巫風

敢有殉于貨色

恆于遊畋。時謂淫風

敢有侮聖言。逆忠直

音警於有位。

音敢有行／興舞于宮。下文同。

王先謙書引惠棟云，墨子非樂篇。案其原文爲「曰先王之書，湯之官刑有之曰，其恆舞于宮，是謂巫風，其刑……」。墨子所謂先王之書，湯之官刑，據左傳昭六年叔向言，即禹刑，湯刑，九刑之湯刑也。尹訓此篇載其中十一句，墨子引其中五句。將曰梅賾書襲墨子，其證虛無哉。伊尹取王法訓太甲，想當然爾。至於墨子，伊訓篇，本出同源，所言自相近。故曰，制官刑以下二十二句，爲伊訓原文如舊。

夏后啓，萬舞翼翼，章聞于天。

啓子太康，畋于有洛之表，十旬弗反。

遠耆德。比頑童
時謂亂風
惟茲三風十衍
卿士有一于身。家必喪
邦君有一于身。國必亡
臣下不匡。其刑墨
具訓于蒙士
嗚呼
嗣王祗厥身念哉
聖謨洋洋。嘉言孔彰
惟上帝不常
作善。降之百祥
作不善。降之百殃

音比玩童。

衍，此句爲愆之借。

啓蒙之蒙。禹沒，啓，太康即弗師先王，致天降災。今湯崩，伊尹乃以此戒太甲，於時於事，俱政之急者。難說其作僞。

爾惟德罔小。萬邦惟慶

爾惟不德罔大。墜厥宗

肆命。徂后

此二篇俱亡

音爾爲德罔小。

音爾爲不德罔大。

伊訓完。

本篇僞處似乎未過半。

太甲上第五

商書

太甲既立不明

伊尹放諸桐

三年。復歸于亳

思庸

伊尹作太甲三篇

太甲

惟嗣王不惠于阿衡

此僞文之七。

書序既言不明，則伊訓篇戒太甲以官刑，其出有因，非僞作哉。

王先謙云，案據殷本紀，書名太甲下，當有訓字。

音不誨於阿衡。惠hui，誨hoe。誨从每hui聲，故亦音hui，如悔hui即是。

伊尹作書。曰

先王顧諟天之明命

音先王顧思天之明命。

以承上下神祇

社稷宗廟

罔不祗肅

天監厥德。用集大命

撫綏四方

惟尹躬克左右

厥辟宅師

音厥北敵師。辟pek，北poe。案北字母音oe，互音e，即北亦可爲pe聲。oe者，廈門腔也。e者，泉州腔也。

肆嗣王丕承基緒

音使嗣王丕承基緒。

惟尹躬先見于西邑夏

自周有終

音咨籌有從。周ciu，籌tiu。ts、ds、t之音變，復爲用焉。從，從

相亦惟終

其後嗣王。罔克有終

相亦罔終

嗣王戒哉。祗爾厥辟

教誨也。

惟尹躬三句，王先謙書引梅鷟云，《禮記．緇衣》文。梅鷟又云，緇衣先字作天字……「鄭（鄭玄）註，天字當爲先字之誤。僞古文作先，用鄭玄註，其出於後，不待言……」。

本書說，下句其後嗣王，上句先見于西邑夏，對仗甚明，先字無誤。禮記出於戰國，太甲篇或已先迭。惟其散，在華北。淮河以南，或尚存殘簡。故梅賾書或猶先於禮記，梅說其證未全。

爲宰相亦有終。

音罔克有從。

孟子告子篇下，「五就湯，五就桀者，伊尹也」。惟孟子未明語出何篇。據書序，伊尹去亳適夏，既醜有夏，復歸于亳。故疑爲汝鳩汝方之文。二篇既亡。且原文或爲吾就湯，吾就桀。五音吾，乃伊尹告汝鳩汝方之語也。

祗，敬也。

辟不辟。忝厥祖

王惟庸罔念聞

伊尹乃言曰

先王昧爽丕顯

坐以待旦

旁求俊彥。啟迪後人

無越厥命以自覆

慎乃儉德。惟懷永圖

若虞機張

辟而未辟。

王罔念聞。

音先王昧爽披𢥠。𢥠，車幔也。左傳宣二年，鉏麑往刺趙盾，趙盾盛服將朝，尚早，坐而假寐。即同此。王先謙書引惠棟，梅鷟，姚際恆，閻若璩言，此二句篡改前人文。然彼所攻，在待旦兩字爾。夫待旦者，萬物千古皆有之，獨湯不能乎。其辯無理。問難本篇眞僞者，盡無功而返。此文爲眞，立哉。

音無曰厥命以自覆。不以有天命而自覆。

往省括於度。則釋

欽厥止。率乃祖攸行

惟朕以懌。萬世有辭

王未克變

伊尹曰

茲乃不義。習與性成

予弗狎于弗順

營于桐宮

密邇先王其訓

無俾世迷

音用省括于度。虞機，獸機也。省，視也。括，包括有辭。釋，開機也。

音師乃祖攸行。

音爲政以逸。後世有罪辭於王。

音予弗狎予弗順。

音往於桐宮。

音無俾塞迷。

王徂桐宮

居懮。克終允德

音居憂，克終蘊德。

太甲上完。太甲三篇，鄭玄曰亡。惟梅賾此篇有所本。且商書共五篇出自伊尹，本篇古音獨多。

太甲中第六

此僞文之八。

商書

惟三祀十有二月朔

伊尹以冕服

奉嗣王歸于亳

作書曰

民非后

罔克胥匡以生

音罔克食詎以生。王先謙書引梅鷟云，盤庚篇文。作僞者不解句義，抄引至此篇。尚書正義復從梅賾書註，胥匡作相匡解。胥無相互之義。彼但據臆想作註爾。

后非民

罔以辟四方

四句惠棟云，《禮記・表記》文。

皇天眷佑有商
俾嗣王克終厥德
實萬世無疆之休
王拜手稽首。曰
予小子不明于德
自底不類
欲敗度。縱敗禮
以速戾于厥躬
天作孽。猶可違
自作孽。不可逭
既往背師保之訓
弗克于厥初
尚賴匡救之德
圖惟厥終

音慾敗度。

音不可環。環，轉圜也。

音弗啓／開於厥初。克khek，啓khe。弗啓蒙於初也。

伊尹拜手稽首

曰。修厥身

允德協于下

惟明后

先王子惠困窮

民服厥命。罔有不悅

竝其有邦厥鄰。乃曰

徯我后。后來無罰

王懋乃德。視乃厥祖

無時豫怠

奉先思孝。接下思恭

音守厥心。身**sin**，心**sim**。前六句言既往背師保之訓，故厥身音厥心。

音恩德倚／豎於下。協**hiap**。倚**khia**，台語直立之義。

音先王慈／資惠困窮。

音缺我后，后來無乏。參見仲虺之誥。

音襲／習乃厥祖。視**si**，襲／習**sit**。

視遠惟明。聽德惟聰

朕承王之休無斁

音聽澈爲聰。德tek，澈theh。

音前承先王之休無射。朕tim，徵tin／ceng，前ceng。無射，無厭之謂。太甲中篇僞文居多。

太甲下第七

商書

此僞文之九。

伊尹申誥于王。曰

嗚呼

惟天無親。克敬惟親

民罔常懷。懷于有仁

音民無常歸，歸於有仁。梅賾書註云，民所歸無常，以仁政爲常。其註得懷之音。

鬼神無常享。享于克誠

天位艱哉

音天惟監哉。艱**kan**。監**kam**。

德惟治。否德亂

與治同道。罔不興

與亂同事。罔不亡

終始慎厥與。惟明明后

先王惟時懋敬厥德

克配上帝

今王嗣有令緒

尚監茲哉

若升高必自下

若陟遐必自邇

無輕民事。惟難

無安厥位。惟危

慎終于始

有言逆于汝心

必求諸道

音終始愼厥一。言同下篇咸有一德。

緒，說文云，絲端也。

音尚鑑此哉。

音惟戁。

音惟畏。

有言遜于汝志
必求諸非道

嗚呼
弗慮胡獲。弗為胡成
一人元良。萬邦以貞
君罔以辯言亂舊政
臣罔以寵利居成功
邦其永孚于休

道，路也，人多處。
音有言順於汝志。
非路，則人少。逆言在道，順言在室，危哉。

音邦其永許于休。本篇僞句居多。

咸有一德第八

商書

伊尹作咸有一德

咸有一德

伊尹既復政厥辟

將告歸

乃陳戒于德

曰。嗚呼

此僞文之十。

王先謙曰，諸經傳記於伊尹，並無告歸致仕之事，作僞者……取配周公復政……。案朱又曾紀年引太平御覽八十三云，伊尹放大甲，乃自立四年。朱書又引通鑑外紀云，伊尹即位，於大甲七年，大甲潛出自桐，殺伊尹。故經文復政將告歸五字可疑。

音乃陳戒一德。

天難諶。命靡常

常厥德。保厥位

厥德匪常。九有以亡

夏王弗克庸德

慢神虐民

皇天弗保。監于萬方

啟迪有命

眷求一德。俾作神主

惟尹躬暨湯

咸有一德

音天難參。

清儒批之曰，是矜功伐善，且事其孫，而追述與其祖為一德，豈復人臣對君之體。案清儒所言固有理，然孟子萬章引伊訓云，天誅造攻自牧宮，朕載自亳。天生先知以覺後知，此伊尹之自命也。太甲篇亦云，惟尹躬克左右，厥辟宅師，肆嗣王丕承基緒。伊尹之自伐，良有載也，此二句復見，何足怪哉。不可以之證其偽。

克享天心。受天明命
以有九有之師
爰革夏正

音爰殛夏政。

非天私我有商
惟天佑于一德
非商求于下民
惟民歸于一德

德惟一。動罔不吉
德二三。動罔不凶
惟吉凶不僭。在人

音吉凶不參。僭**ciam**，然从朁音之簪，音**cam**，故僭亦有此音。參**cham**／**sim**。前文天難諶之諶，即作**sim**聲。

惟天降災祥。在德
今嗣王新服厥命
惟新厥德。終始惟一

太甲下云，終始愼厥與。

時乃日新

任官惟賢材

左右惟其人

臣為上為德

為下為民

其難其慎。惟和惟一

音其難其慎。

德無常師。主善為師

善無常主。協于克一

俾萬姓咸曰。大哉王言

又曰。一哉王心

克綏先王之祿

音克遂先王之祿。

永底烝民之生

音永宅眾民之生。

嗚呼

七世之廟。可以觀德

萬夫之長。可以觀政
后非民罔使
民非后罔事
無自廣以狹人
匹夫匹婦。不獲自盡
民主罔與成厥功

沃丁既葬伊尹于亳
咎單遂訓伊尹事
作沃丁

伊陟相太戊
亳有祥。桑穀共生于朝
伊陟贊于巫咸

音不獲一心。自cir，一cit。盡fin，心cim。

咸有一德完。
本篇多僞。

沃丁亡。

作咸乂四篇

太戊贊于伊陟

作伊陟原命

仲丁遷于囂。作仲丁

河亶甲居相。作河亶甲

祖乙圮于耿。作祖乙

咸乂四篇亡。

伊陟原命亡。

仲丁亡。

河亶甲亡。

音祖乙移于耿。祖乙亡。

盤庚上第九

商書

盤庚五遷。將治亳殷民咨胥怨。作盤庚三篇

盤庚

盤庚遷于殷民不適有居

率籲眾感。出矢言

曰。我王來

音民卒庶／四怨。咨cu，卒cut。

音搬庚。庚日生，名庚。共五遷，故有此稱。王先謙書云，今文盤一作般，即搬同音字。已登堂矣，奈何拘於字形，不知以音求義。

不適，不往也。此句今文無徵。經文明言，既遷於殷。而鄭玄曰，此盤庚爲臣時，謀徒居湯舊都文。鄭說謬哉。

音帥籲眾戚，出是言。出矢言，今文無徵。

既爰宅于茲

重我民。無盡劉

不能胥匡以生

卜稽曰。其如台

先王有服。恪謹天命

茲猶不常寧

不常厥邑。于今五邦

今不承于古

音既遠宅於此。我王至于茲，今文無徵。

音無盡蹂。二句今文無徵

音不能食誆以生。誆，騙言也。今文無徵。

音暴詠曰，其如是。笑詠，台語笑話。台tai，苔tai／thi，是si、th、s、ts互通例。

自先王至不常寧三句，今文無徵。

此殷民對盤庚之言。故于今五邦，是盤庚渡河而南，已五遷矣。史紀之說爲是。

罔知天之斷命

矧曰

其克從先王之烈

若顛木之有由蘗

天其永我命

于茲新邑

紹復先王之大業

底綏四方

盤庚斅于民

由乃在位

今不至斷命二句，今文無徵。

烈，偉業也。今文無徵。

音若顛木之有幼芽。顛，倒也，顛倒有辭。蘗giat，芽gia。

永續我之命。二句今文無徵。

二句今文無徵。

斅，說文曰，覺悟也。

在位，有官者。

以常舊服。正法度

曰。

無或敢伏小人之攸箴

今文無徵。

王命眾。悉至于庭

二句今文無徵。

王若曰。格汝眾

格字今文作裕。裕音喻。

予告汝訓

今文無徵。

汝猷黜乃心。無傲從康

音汝宥黜乃心，無傲從抗。二句今文無徵。

古我先王

亦惟圖任舊人共政

二句今文無徵。

王播告之修

音王播告之首。

不匿厥指

王用丕欽。罔有逸言

民用丕變

今汝聒聒

起信險膚

予弗知乃所訟

非予自荒茲德

惟汝含德。不惕予一人

予若觀火

音不匿厥旨。二句今文無徵。

音民用不平。和平有辭。三句今文無徵。

音起心嫌語。信sin，心sim。膚hu，語gu。

二句今文無徵。

今文無徵。

音惟汝咸德，不德予一人。惕thek，德tek。今文含作舍，惕作施。

音予na觀火。

予亦拙謀。作乃逸

音予亦泄沐助乃逸。泄沐，濺濕也。作乃逸今文無徵。

若網在綱。有條而不紊

今文無徵。

若農服田力穡

乃亦有秋

汝克黜乃心

施實德于民

至於婚友

音至於困幼。婚hun，困khun。

丕乃敢大言

音鄙乃敢大言。鄙，自謙詞。汝克至積德五句，今文無徵。

汝有積德

乃不畏戎毒于遠邇

音乃不畏冗毒於遠邇。

惰農自安

二句今文無徵。

不昏作勞

不服田畝

越。其罔有黍稷

汝不和吉言于百姓

惟汝自生毒

乃敗禍姦宄

以自災于厥身

乃既先惡于民

乃奉其恫

汝悔身何及

相時憸民

音不敏作勞。

越音曰。

二句今文無徵。

二句今文無徵。

音乃奉其當。奉承有辭。二句今文無徵。

音昔時僉民。相sio。惜sioh／sek。昔sek。

猶胥顧于箴言

其發有逸口

矧予制乃短長之命

汝曷弗告朕

而胥動以浮言

恐沉于眾

若火之燎于原

不可嚮邇

其猶可撲滅

音猶賜孤以箴言。

音其發有益教。

三句今文無徵。

音而肆動以浮言。

音共瞋於眾。此三句今文無徵。沉**tim**／**tiam**，眈眈酖俱音**tam**，故沉亦然。瞋**tan**。瞋雷有辭，打雷也。

音不可向邇。三句今文無徵。

則惟汝眾自作弗靖

非予有咎

二句今文無徵。

遲任有言曰

人惟求舊

器非求舊。惟新

古我先王

暨乃祖乃父

胥及逸勤

音使及逸勤。

予敢動用非罰

音不敢動用非罰。不敢不罰之義。予敢，乃不敢破字，此曰不敢，下文乃能對亦不敢。王先謙書云，今文予下有不字。如是，句為予不敢不罰乃祖乃父，彼俱作古矣，將如何罰，豈非贅語。故今文說誤。

世選爾勞。予不掩爾善

音世宣爾勞。

茲予大享于先王
爾祖其從與享之
作福作災

予亦不敢動用非德

予告汝。于難

若射之有志

汝無侮老成人
無弱孤有幼
各長于厥居
勉出乃力

音作禍作災。福hook／hoh。禍ho。

予亦不敢非德。作禍而不罰，非德也。即我亦不敢赦。二句今文無徵。

音有赧。有所對不住之意。謙辭也，以下將直言不諱。二句今文無徵。

如箭必中。指如有犯以下者。

聽予一人之作猷

無有遠邇

用罪伐厥死

用德。彰厥善

邦之臧。惟汝眾

邦之不臧

惟予一人有佚罰

凡爾眾。其惟致告

自今至於後日

各恭爾事

三句今文無徵。

二句今文無徵。有罪伐死。

有德揚善。

音有笞罰。佚thit，笞thi。

二句今文無徵。

今文無徵。

齊乃位。度乃口

罰及爾身。弗可悔

測量乃言辭。或音堵乃口。

今文無徵。

伏生盤庚僅一篇，梅賾書爲三。然書序明言三篇，伏生併之焉。此屬上篇，然王先謙書云，以當時事實而言，應爲下篇。

其引經文，盤庚遷於殷，民不適有居以證。雖然，有難焉。此當爲中篇，下篇不動如舊。三篇之序，觀完本書自明。

盤庚中第十

商書

盤庚作惟涉河。

以民遷

乃話民之弗率

誕告用亶

其有眾咸造

勿褻在王庭

音盤庚作葦涉河，葦，似葦小船也。

王先謙書云，此未遷時事也，屬上篇。

音乃話民之弗徒。

音誕告用壇。

造訪有辭。

音無洩在王庭。勿but，無bu。

盤庚乃登進厥民
曰。明聽朕言
無荒失朕命
嗚呼。古我前后
罔不惟民之承
保后胥慼
鮮以不浮于天時
殷降大虐
先王不懷厥攸
作視民。利用遷
汝曷弗念我古后之聞

自盤庚作惟涉河至此句，今文無徵。
音保后嗣世。今文作保后胥高。慼cheh，世se。
音鮮於不符於天時。
音先王不懈厥猷。
音作徒民。
今文無徵。

承汝。俾汝

惟喜康共

非汝有咎。比于罰

予若籲懷茲新邑。

亦惟汝故

以丕從厥志

今予將試以汝遷

安定厥邦

汝不憂朕心之攸困

乃咸大不宣乃心

音庇汝。

般降至比于罰，今文無徵。

音予na籲改至新邑。懷hoai，而同從褱音之壞字，有它音hai，故懷亦有。改kai。

從我先后之志。予若至此句今文無徵。

音朕心之憂困。

音乃咸大不歡乃心。

欽念以忱。動予一人
爾惟自鞠自苦
若乘舟。汝弗濟
臭厥載
爾忱不屬。惟胥以沉
不其或稽。自怒曷瘳
汝不謀長。以思乃災
汝誕勸憂
今其有。今罔後
汝何生在上

音襟念以沉，恫予一人。欽khim，襟kim。

音爾惟自侷自苦。

音na乘舟，汝弗濟。那乘舟時，汝不船渡。

音泅過哉。

音爾身不續，惟徐以沈。乃咸至以沉，今文無徵。

二句今文無徵。

音汝但勤憂。勸khung，勤khng。音不同，然古來二字混用。

今吾命汝

一無起穢以自臭

恐人倚乃身。迂乃心

予迓續乃命于天

予豈汝威

用奉畜汝眾

予念我先神后之勞爾先

予丕克羞爾

用懷爾然

音一無起話以自愁。二句今文無徵。

倚，台語oa，靠近，挨著之義。今文倚作踦。

音予繼續乃命于天。迓ga，從牙音。惟牙另音ge，是以迓亦然。繼ke。

音用放叱汝眾，三句今文無徵。

爾先，爾先祖也。

音予否克羞爾。今文丕作不。

音用愧爾然。本句今文無徵。

失于政

今文無徵。

陳于茲

陳列有辭。

高后丕乃崇降罪疾

音高后否乃崇降罪疾。

曰。曷虐朕民

今文無徵。

汝萬民乃不生生

音汝萬民乃不省醒。

暨予一人猷同心

音暨予一人有同心。二句今文無徵。

先后丕降與汝罪疾

音先后否降與汝罪疾？

曰。曷不暨朕幼孫有比

先后至有比，今文無徵。比，比肩也。

故有爽德

音故有商／湯帝。德tek，帝te。

自上其罰汝

二句今文無徵。

汝罔能迪

音汝罔能敵。

古我先后

既勞乃祖乃父

本句今文無徵。

汝共作我畜民

音汝共作我屬民。屬siook，說見上。

汝有戕則在乃心

音汝有沖罪在乃心。則cek，罪ce。今文戕作近。

我先后綏乃祖乃父

音我先后誶乃祖乃父。誶，讓也。

乃祖乃父乃斷棄汝

不救乃死

二句今文無徵。

茲予有亂政同位

有不從者同爲政。

具乃貝玉

音俱乃背逆。二句今文無徵。

乃祖先父

丕乃告我高后

音否乃告我高后。今文我高后作乃祖乃父。

曰。作丕刑。于朕孫

作大刑於朕孫。

迪高后

在高后。迪tek，在teh。三字今文無徵。

丕乃崇降弗祥

音否乃崇降弗祥。

嗚呼。今予告汝不易

不易，不變也。易字凡見諸書，左傳，均作變異解。

永敬大恤

無胥絕遠

汝分猷念以相從

各設中于乃心

乃有不吉不迪

顛越不恭

暫遇姦宄

我乃劓殄滅之

無遺育

音永敬大祀／祠。四字今文無徵。

音無使絕遠。

音汝分憂念。分散有辭。

音不及不適。

及kip，吉kit。本句今文無徵。

音顛斡不共。斡，轉也，彎也。

音譫語姦宄。今文無徵。

無俾易種于茲新邑

往哉。生生

今予將試以汝遷

永建乃家

音無俾藝種於此新邑。易ek，藝ge。

音往哉，先生。

往哉至汝遷，今文無徵。

盤庚下第十一

商書

盤庚既遷

奠厥攸居

乃正厥位

綏爰有眾

曰。無戲怠

懋建大命

今予其敷心腹腎腸

奠定有辭。

二句今文無徵。

音遂喚有眾。爰hoan。從爰音字有緩，援，並另音hoan。故爰亦然。hoan作喚，或喧。

二句今文作女罔台民勛建大命。

音今予其撫心腹腎腸。今文作今我其敷優賢揚，一作優臤颺。下句

歷告爾百姓于朕志

罔罪爾眾

爾無共怒

協比讒言予一人

古我先王

將多于前功

適于山

用降我凶德

嘉績于朕邦

今我民用蕩析離居

罔有定極

之歷，今文屬本句讀。

告爾七字今文無徵。

三句今文無徵。

音眾多有前功。二句今文無徵。

音用降我雄德。

音嘉績於朕邦。今文作綏績。

爾謂朕

曷震動萬民以遷

音罔有定基。極kek，基／家ke。二句今文無徵。

今文作害祇動萬民以遷。

肆上帝

音思上帝。

將復我高祖之德

音將覆我高祖之德。

亂越我家

音亂鉞我家。二句今文無徵。

朕及篤敬

恭承民命

用永地于新邑

三句今文無徵。

肆予冲人。非廢厥謀

音恕予菁／衝人。冲cheng／chiong。菁cheng，台語有菁仔欉一辭，莽撞人也。衝chiong。

弔由靈。各非敢違卜

音著幽靈，佫非敢違卜。弔tio，著tioh。著幽靈，中邪也。佫，更加義。

用宏茲賁

音用宏智昏。茲cir，智ti。二字子音屬英語ts，t互通例。

嗚呼。邦伯師長

百執事之人

肆予至此句止，今文無徵。

尚皆隱哉

隱忍有辭。

予其懋簡相爾

音予其磨肝餉爾。今文懋作勛。

念敬我眾

朕不肩好貨

音朕不慳好貨。不吝之義。

敢恭生生

音敢供先生。四字今文無徵。

鞠人
謀人之保居敘欽
今我既羞告爾于朕志
若否罔。有弗欽
無總于貨寶。生生自庸
式敷民德。永肩一心

二句音敢供曲人渺人之保居紓緊。謀bio。描bio，biau。渺biau。自渺至描止於謀。欽khim，緊kin。保居今文作保萃。

音今我既周告爾於朕志。羞siu，周ciu 。

音na否往，有不敬。不去取，是有不敬。三句今文無徵。

音無藏於貨寶，先生自用。

音永堅一心。四句今文無徵。

生生終從盤庚懋建大命，王散財以安之慰之。事屬下篇無疑。

說命上第十二

商書　此僞文之十一

高宗夢得說
使百工營求諸野
得諸傅岩
作說命三篇

王宅憂。亮陰三祀　即諒闇三年。

既免喪。其惟弗言
群臣咸諫于王
曰。嗚呼
知之曰明哲
明哲實作則

天子惟君萬邦
百官承式
王言惟作命
不言。臣下罔攸稟命
王庸作書以誥。曰
以台正于四方
台恐德弗類
玆故弗言
恭默思道
夢帝賚予良弼
其代予言
乃審厥象
俾以形旁求于天下

音王言爲作命。
音罔有任命。
道字僞跡現焉。
音榜求於天下。

說築傅巖之野。惟肖
爰立作相

爰，引也。援引有辭。

王置諸其左右
命之曰。朝夕納誨
以輔台德
若金。用汝作礪

上古五金概稱金。

若濟巨川
用汝作舟楫

二句，《禮·大傳》引書作，若津水，用汝作舟。

若歲大旱
用汝作霖雨
啟乃心。沃朕心

沃，澆水也。

若藥弗瞑眩
厥疾弗瘳

若跣。弗視地
厥足用傷
惟暨乃僚。罔不同心
以匡乃辟
俾率先王。迪我高后
以康兆民
嗚呼。欽予時命
其惟有終
說復于王。曰
惟木從繩則正
后從諫則聖
后克聖
臣不命其承

跣，說文云，足親地也。

音俾師先王。率sut，師su。

音勤予是命。欽khim，勤khin。

音臣不鳴其丞。

疇敢不祗若王之休命

疇，梅賾書例訓誰。

由字音觀之，本篇僞多於眞。

說命中第十三

惟說命總百官
乃進于王。曰
嗚呼
明王奉若天道
建邦設都
樹后王君公
承以大夫師長
不惟逸豫。惟以亂民
惟天聰明。惟聖時憲
惟臣欽若。惟民從乂

此僞文之十二。

天道非此世用辭。

音不惟逸禦，惟以寵民。

音惟聖式憲。時si，式sit。

惟口起羞

惟甲胄起戎

惟衣裳在笥

惟干戈省厥躬

王惟戒茲允茲

克明乃罔不休

惟治亂。在庶官

音惟口起仇。

音惟衣裳財失。笥si，失sit。

音惟干戈成厥窮。四句梅鷟云，《禮・緇衣》文。惟緇衣雖引說命此四句，後三句之妙，彼亦莫能明。梅賾書此四句，承上文啓下章，前後連貫。反觀緇衣，四句上接太甲之毋越厥命以自覆，若虞機張。下連同篇之天作孽，可違也，自作孽句。又續串伊訓之惟尹躬先見於西邑夏文。凡四引，風馬牛各不相及。故梅賾書于緇衣，實不識焉。

音王惟戒此隱此。隱忍有辭。

官不及私昵
惟其能
爵罔及惡德
惟其賢
慮善以動
動惟厥時
有其善。喪厥善
矜其能。喪厥功
惟事事乃其有備
有備無患
無啟寵納侮
無恥過作非
惟厥攸居

音官不及私暱。暱，說文云，日近也。

喪於厥善。

音競其能，即逞其能。

音惟厥有久。

政事惟醇

黷于祭祀

時謂弗欽

禮煩則亂

事神則難

王曰。旨哉。說

乃言惟服

乃不良于言

予罔聞于行

說拜稽首。曰

非知之艱。行之惟艱

王忱不艱

音政事惟順。

音乃不隆於言。隆，多也。

音予罔聞以行。

音王信不艱。忱sim，信sin。

允協于先王成德

惟說不言。有厥咎

音殷／穩協於先王成德。

台語音多聞，本篇有十數句屬眞。

說命下第十四

此僞文之十三。

王曰。來。汝說
台小子舊學于甘盤
既乃遯于荒野

遯音遁。

入宅于河
自河徂亳
暨厥終罔顯

音既厥終罔顯。

爾惟訓于朕志
若作酒醴。爾惟麴糵
若作和羹。爾惟鹽梅
爾交修予。罔予棄

予惟克邁乃訓

說曰。王

人求多聞

時惟建事

學于古訓。乃有獲

事不師古。以克永世

匪說攸聞

惟學遜志。務時敏

厥修乃來。允懷于茲

道積于厥躬

音爾教修予。

音是爲建師。

音非說有聞。

音爲學詢識，務是敏。

音蘊懷於此。

音多積有厥功。躬kiong，恭kiong／kong，功kong。道用爲多之借字，乃上古事，足證本篇非魏晉時僞作。

惟斆學半念

半念，未全念也。斆hau，同效。

終始典于學

音終始忝於學。典tiam，忝thiam。忝，倦也。

厥德修罔覺

音厥德修罔嘉。覺kiau。

惟從覺音之攪，尚有ka／kau二音，故音罔嘉ka／罔厚kau。

監于先王成憲

音鑑於先王成憲／獻。

其永無愆

惟說

式克欽承旁招

音是克欽承榜招。

俊乂列于庶位

音准獲列於師位。乂goe，獲hek。

王曰。嗚呼。說

四海之內
咸仰朕德
時乃風
股肱惟人
良臣惟聖
昔先正保衡

作我先王。乃曰

予弗克俾厥后惟堯舜

其心愧恥。若撻于市

一夫不獲。則曰

時予之辜

伊尹也。

音助我先王。作cook，助coo。

音爲堯舜。

孟子述伊尹文。梅賾經文略簡，然非襲改孟子。武丁舊學於干盤，罔顯，故問學於傅說，告之在全念，又自謙欽承榜召，武丁贊其教有功，復望其繼伊尹而永綏民。全篇一氣呵成，非編篡之作。

佑我烈祖。格于皇天
爾尚明保予
罔俾阿衡
專美有商
惟后非賢不乂
惟賢非后不食
其爾克紹乃辟于先王
永綏民

且孟子所引，不必然出自伊訓。出由說命，亦未嘗不能焉。

音專美於商。

音惟后非賢不役。乂goe，役ek。

音惟賢非后不事。

音其爾克肖乃比／匹於先王。

辟pek／phek／phiah，然从辟聲者有避pi，譬phi，霹phih，俱有i音，故辟音pi／phi。比pi，匹phit。乃匹，伊尹也。案此句有相類者在說命上。其曰，……以匡乃辟，俾率先王……。上篇乃辟，指高宗。此篇名伊尹。有斯理乎。必有一僞也。

說拜稽首。曰
敢對揚天子之休命

本篇僞句少。

高宗肜日第十五

商書

高宗祭成湯

有飛雉升鼎耳而雊

祖己訓諸王

作高宗肜日

高宗之訓

高宗肜日

越有雊雉

祖己曰

成湯音聖湯。

雊，從句koo音，擬聲也。升鼎耳，耳，年音同。天意在年，不在鼎耳，在聲不在字。

高宗之訓亡。

音曰有koo雉。越，今文作粵。

惟先格王正厥事

乃訓于王。曰

惟天監下民

典厥義

降年有永。有不永

非天夭民。民中絕命

民有不若德。不聽罪

天既孚命正厥德

乃曰。其如台

嗚呼

格，今文一作假。格，格式，標準義。

格王對辭正厥事。

今文無民字。

中斷天所降年。

音天既符／浮命正厥德。今文孚作附。

音其如雉。台tai，苔tai／thi，雉thi。

王司敬民。罔非天胤

典祀無豊于昵

音王祀見嗚，罔非天應。天所回應。敬keng，見kinn。驚kinn／keng从敬聲，故敬亦音kinn。民bin，beng，民另作別聲，見夏書夏史附考。

音無荒於年。今文作典祀無禮于棄道。

西伯戡黎第十六

商書

殷始咎周。周人乘黎

祖乙恐。奔告于受

作西伯戡黎

西伯既戡黎。祖乙恐

奔告于王

曰。天子

天既訖我殷命

格人元龜。罔敢知吉

乘黎，以戎車攻黎。

音西伯陷黎。以下同此。

今文無天子二字。

音天既棄我音命。訖kit，棄khi。

音乩人元龜，罔敢知及。格kek，乩ke。吉kit，及kip。

非先王不相我後人

惟王淫戲用自絕

故天棄我

不有康食

音不有康嗣。

不虞天性

音不有天倖。虞gu，有u。

不迪率典

音不得祀天。率sut，祀su。典tian，天thian。

今我民罔弗欲喪

曰。天曷不降威。

大命不摯

音大命不至。

今王其如台

音今王其如一。二句殷本紀作，大命胡不至，今王其奈何。案臣對君，獻策而已，未有提問者。作奈何解，實情不符也。

王曰。嗚呼

我生不有命在天
祖乙反曰。嗚呼
乃罪多參在上
乃能責命于天
殷之即喪
指乃功
不無戮于爾邦

反，還答也。

音乃罪多審在上。

今文無徵。

音即乃功。指ci，即cit。

三句今文無徵。

（西伯戡黎完）

微子第十七

商書

殷既錯天命

微子作誥父師少師

微子

微子若曰

父師。少師

殷其弗或亂正四方

我祖底遂陳于上

微子者，紂庶兄，據周本紀，其名啓。故微子乃號，然義實僞子也。說在下。

今文作太師少師。父師少師何人也，說者多矣，俱不能定。本無其人，如何考定，見文末解。。

音殷其弗或籠正四方。今文作殷不有治政，不治四方。

今文無底字。王先謙書云，宋世家作我祖遂陳于上。此句本書從今

我用沉酗于酒
用亂敗厥德于下
殷罔不小大
好草竊姦宄
卿士師師非度
凡有辜罪。乃罔恆獲
小民方興。相為敵讎
今殷其淪喪
若涉大水。其無津涯
殷遂喪。越至于今
曰。父師少師

文，不從梅賾書。今文音我祖遂嘆於上。陳tan，嘆than。
今文作紂沉湎於酒。
今文作婦人是用，亂敗湯德於下。
音好抄竊姦宄。
今文作皆有罪辜，乃無維獲。
今文作今殷其典喪。

我其發出狂
吾家耄遜于荒
今爾無指告予
顛隮若之何其
父師若曰。王子
天毒降災荒
殷邦方興沈酗于酒
乃罔畏畏
咈其耇長舊有位人

音吾計謀／假冒遜於荒。三句今文作我其發出，往吾家，保于喪。
今文作今女無故告予。
音癲疾。隮ce，疾cek。顛疾，何其若之倒裝。
今文作太師若曰，王子。
二句今文作天篤降災亡殷國。
音乃罔畏威。
今文作不用老長，無舊有位人。

今殷民乃攘竊
神祇之犧牷牲用以容
將食無災
降監殷民
用乂讎斂
召敵讎不怠
罪合于一
多瘠罔詔
商今其有災
我興受其敗
商其淪喪
我罔為臣僕

音犧牷牲用以用。
音將祀無材。三句今文作乃陋淫神祇之祀。
三句今文無徵。
音多疾罔石。詔ciau，石cioh。然招照俱有cio音。
二句今文無徵。

詔王子出迪

音猶王子出謫，台語瘋也。

我舊云刻子

音我舊云剋子。今文經作孩子。刻khek子，亦可音客子／逆keh子，說在下。

王子弗出

我乃顛隮自靖

音癲疾自淨。今文自靖作自清。

人自獻于先王

我不顧行遯

音我不顧行遁。顧念有辭。五字今文無徵。後微子未出，武王既克殷，微子持其祭器，造於軍門，輸誠也。武王乃復其位如故。三監亂後，周公命其奉殷祀，開國於宋。殷亡，微子爲周臣，或殷民有辭，或己身心虛，乃作此篇以說國人。曰其本欲遜於荒，父師責以剋／逆子，故終弗出，後竟有宋國。若復有問難曰，國君庶子羈旅他國者，古來多矣，何剋之有。則可答曰，是矣，父師或言客子，吾誤以爲剋子，故不敢出。本篇之義在此，傳尚書者，周人也。微子何德哉，其文能列其中。殺武庚以懼，贊微子以誘殷民，或威或恩，舉世皆然。

然微bi子之號，或即起於此。其人僞ui。僞从爲ui／bi聲，故亦有bi音，即微也。至於父師少師，借來唱和而已，其人何之有哉。

周頌

凡三十一篇，全不注。不及於史也。

大雅

生民

厥初生民。時維姜嫄

生民如何。克禋克祀

以弗無子

履帝武敏歆。攸介攸止

音是惟姜原。虞夏之始曰嫘祖，商謂簡狄，今周人云姜原，此俱非名。祖簡原皆初始義。生民，生周族也。朱註姜嫄，高辛之世妃。其所從者，詩書左傳後之書冊也，本書於彼，已言俱有疑焉。姜嫄若帝辛世妃，能不在帝都乎。其外居有邰，是將獨對天下諸侯狻童乎。實未有聞也。

禋，說文云，潔祀也。

爲女子時求夫，爲婦人則求子，乃人間常例。姜嫄依下文，知其仍爲女子。然何以求子，爲說無夫有孕事也。

音履地模暝暈。武bu，模boo。台語 u 聲者，多另有 oo 音，說見

載震載夙。載生載育

時維后稷

誕彌厥月。先生如達

不坼不副

無菑無害

以赫厥靈

前。腳模有辭，地模，地印也。暈，廖氏未收歆him聲。惟頭暈him目暗，乃台語常辭。攸介攸止音有戒有止。戒懼而止也。

音載娠載熟。震cin，娠sin。

音等未厥月。姜嫄先孕後婚，嫁後未十月即產子，故曰先生。

音不匿不俘。坼thek，匿lek。慝thek。慝從匿聲，故匿亦音thek。如以ㄊ，ㄌ互音解之，亦通。

菑音災。

音以郃厥靈。嚇從赫聲，嚇另音ha，郃hap，覆蓋也。或作合hap亦同。既履地模，裳必圍厥靈矣。

上帝不寧。不康禋祀

牛羊腓字之
誕寘之隘巷
居然生子

誕寘之平林。會伐平林
誕寘之寒冰。鳥覆翼之
鳥乃去矣。后稷呱矣
實覃實訏。厥聲載路

誕實匍匐。克岐克嶷

以就口食
蓺之荏菽

音上帝不聆，不降禋祀。不降歆其祀。

音牛羊跪子之。腓hui，跪kui。嬰兒弗能坐也。

音實瞋實吼。台語打雷曰瞋雷。

音克齒克齮。齮亦咬也。

蓺，種也。荏，據廖氏，又名白蘇子，一年生草本，實如粟米。

菽，豆也。

荏菽旆旆。禾役穟穟

麻麥幪幪。瓜瓞唪唪

誕后稷之穡

有相之道。茀厥豐草

種之黃茂。實方實苞

實種實褎。實發實秀

音荏菽沛沛，禾亦穗穗／嫷嫷。

音麰麥芒芒，瓜悉豐豐。瓞，說文云，瓝也。瓝下云，小瓜也。案許說乃承襲毛詩傳，彼作瓝。瓝字从勺聲，勺，小同音。故許曰小瓜也。惟凡物其種有異，乃各具別名。因大小而有專名者，幾少聞，此其一也。其二，禾役，毛傳曰，禾成列也，則不對仗瓜瓞，其說有缺焉。瓞从失聲。

詩音悉。瓜悉對禾亦。

音有享之道，剃厥豐草。

音種之黃麰，實蓬實苞。

音實種實脩。脩長有辭。

實堅實好。實穎實栗

音實穎實粒。

即有邰家室。誕降嘉種

受封於有邰，有家有廟。

維秬維秠。維穈維芑

朱註秬，黑黍也。秠，黑黍一稃二米者。穈，赤粱粟，芑，白粱粟也。

恆之秬秠。是穫是畝

音還之秬秠，是攜是抈。畝boo，抈moo。抈，以雙手抱持也。

恆之穈芑。是任是負

肩任有辭。或扛或背義。

以歸肇祀

誕我祀如何

或舂或揄

音或舂或濾。

或簸或蹂。釋之叟叟
烝之浮浮。載謀載惟
取蕭祭脂。取羝以軷
載燔載烈。以興嗣歲
卬盛于豆。于豆于登
其香始升。上帝居歆

音或簸或揉，洗之搓搓。釋sek，洗se。叟soo，搓so。然搜soo／so从叟聲，故另有so音。

音烝之噴噴，載廟載禰。禰，說文云，親廟也。

音取蕭祭室，取羝以阡。廖氏云，蕭，艾蒿也，又名香蒿。台語卜阡poe，問神受此羝乎。

軷poat，聲从犮之拔，音poeh，則軷亦同。說文只一音，朱註另增一蒲昧反，即poe也。

歲阡一韻。

音恭盛於豆，有豆有登。豆，說文云，古食肉器也。

音上帝居享。歆him，享hiong。中轉者，熊him／hiong也。

胡臭亶時。后稷肇祀

庶無罪悔。以迄于今

音馥臭扇室。時si，室sit。臭，廖氏曰，氣味也。

生民八章，

四章章十句，

四章章八句。

（生民完）

公劉

圖十一

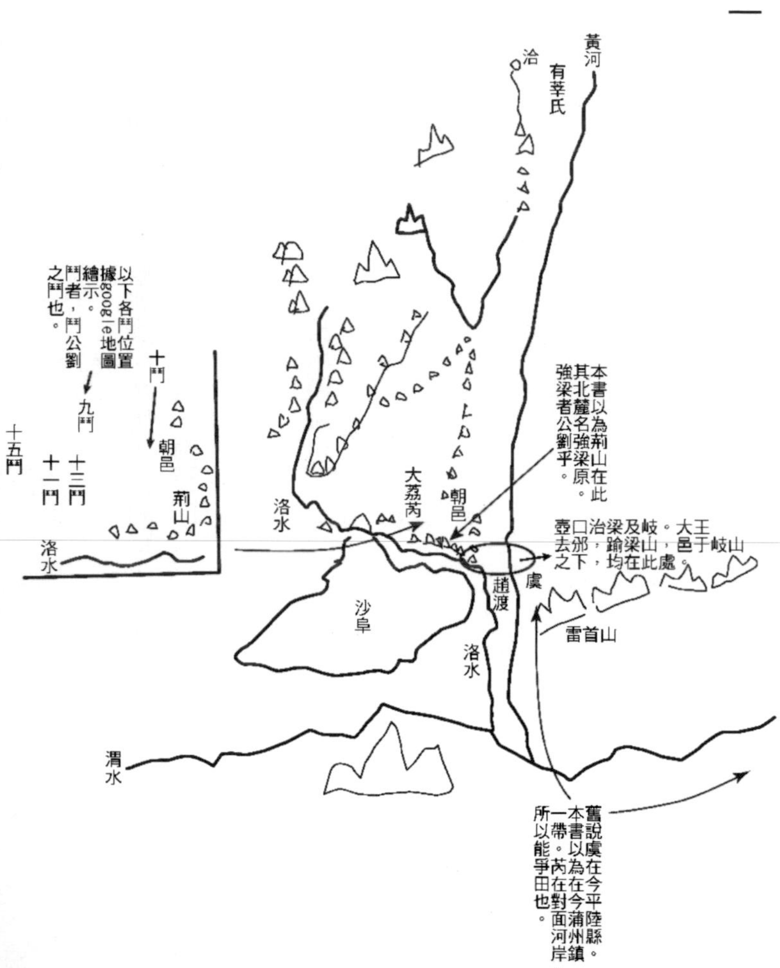

黃河
洽
有莘氏
以下各鬥位置據google地圖繪示。鬥者，鬥公劉之鬥也。
十鬥
九鬥
十五鬥
十一鬥
十三鬥
朝邑
荊山
洛水
本書以為荊山在此其北麓名強梁原。強梁者公劉乎。
洛水
大荔芮
朝邑
壺口治梁及岐。大王去邠，踰梁山，邑于岐山之下，均在此處。
虞
趙渡
沙阜
雷首山
洛水
渭水
舊說虞在今平陸縣。本書以為在今蒲州鎮一帶。芮在對面河岸，所以能爭田也。

篤公劉。匪居匪康

迺埸迺疆。迺積迺倉

迺裹餱糧。于橐于囊

思輯用光。弓矢斯張

干戈戚揚。爰方啟行

篤公劉。于胥斯原

既庶既繁。既順迺宣

而無永歎

音鬥公六，非居非康。名庚，數搬都，人呼盤庚。名丁，武有功，讚曰武丁。排行六，善戰，封號鬥公六，其理一也。匪居匪康，言不安居樂業。

埸疆，俱作動詞。將拓疆域也。

音思志用光。輯cip，志ci。

音干戈持揚，遠方啓行。

音於處斯原。胥su，處chu。

從公劉之宣言。

無詠歎。

陟則在巘。復降在原

何以舟之。維玉及瑤

音何以就之。成就有辭。

鞞琫容刀

音彼方容多。

篤公劉。逝彼百泉

音踅彼百泉。踅，繞也。

瞻彼溥原。迺陟南岡

朱註溥音普。台語音埔。四句知公劉自北徙南，繞過百泉。

乃覯于京。京師之野

音乃觳於荊，荊西之野。

觳，張弩也。張弓於荊，即相中荊山地，在今大荔縣朝邑鎮。

于時處處。于時廬旅

音于時盧閭。

于時言言。于時語語

篤公劉。于京斯依

音於荊斯依。

蹌蹌濟濟。俾筵俾几
既登乃依。乃造其曹
執豕于牢。酌之用匏
食之飲之。君之宗之
篤公劉
既溥既長。既景迺岡
相其陰陽。觀其流泉
其軍三單
度其隰原。徹田為糧
度其夕陽。豳居允荒

音眾眾多多，備筵備几。蹌chiong，眾ciong。

音既登乃彝，乃造其槽。造訪有辭，至也。

匏，葫蘆也。

音既博既長，既京乃岡。

音其軍三團。

音透其夕陽，豳居耘荒。度thoo，透thoo／thau。台語透早，指天未亮時，穿透旭日義。透其夕陽，即夕日既沒，猶拓荒不止。

篤公劉。于豳斯館

涉渭為亂。取厲取鍛

音取琉取瑑。琉璃有辭。瑑，圭璧類也。前文云，維玉及瑤，即此。

禹貢雍州亦曰，厥貢惟球琳琅玕。

即其地出玉。公劉自荊山涉渭搶玉，來回所奔，近一百五十里。日中而市，劫之，畢而返，雖從容以行，透夕陽之際，豳已至矣。故豳者，象飼豕狀，然其義不在形，在音。此字廖氏收**pin**，同聲字有份邠攽，皆从分。古史地引孟子「大王去邠，踰梁山」，即豳一作邠。其音**pin**／**hun**，義在昏**hun**。而取同聲之圂作豳字。圂，豬圈也，前文曰，執豕于牢。此乃稼穡餘事，本周人之祖業。錢穆則主公劉居邠，至大王時止。地在臨汾古水之濱，故「邠則濱汾之邑」。如是則京師之野，不能爲荊西之野。當作高丘而眾居之野，如朱熹所註。惟高丘之野，尚通順，而高丘眾居之野，實不通，君子無若是言者，其必非詩人本意。故公劉之遷，或以舊土之汾**hun**，名新地爲邠／豳，人之常情固如是。**York**，**New York**，不正一例乎。錢曰，邠字由汾來，固可能，惟其定邠在臨汾古水，由此涉渭，以取厲鍛，其途近五百里，公劉之徒必不爲也。故豳／邠當

止基迺理。爰眾爰有
夾其皇澗。溯其過澗
止旅迺密。芮鞫之即

公劉六章
章十句

在朝邑。

公劉約當夏桀之世，去不窋失有邰邑，已四百多年。其間如何徙至雍州，又於何時為之，則未可得知。

音止壘乃密，芮曲之即。公劉築壘以界密人。芮曲 **khiook**，芮隩 **hiook**，隩，說文云，水隈，厓也。

此芮水，古芮國所依，今大荔縣朝邑鎮內。近千年後，虞芮爭田，亦不遠乎此，說見緜。千三四百年後，芮伯出居于魏，不過行至河對岸爾。

據元和誌，魏，溈汭，渭，俱今河曲處。故曰，芮鞫之即，在朝邑焉。

（公劉完）

緜

緜緜瓜瓞。民之初生
自土沮漆。古公亶父
陶復陶穴。未有家室
古公亶父。來朝走馬
率西水滸。至於岐下

音緜緜歌詩。瓞tiat，此廖氏所輯聲，同跌迭，皆从失sit／tiat聲，故亦音sit。詩si，與下文之漆室一韻。唸歌詩，台語有辭。

音自渡沮漆。自渡二水起，周族始盛。周本紀：「古公曰……乃與私屬遂去豳，度漆，沮，踰梁山，止於岐下。」史紀於土之聲，有得焉。

音要戶要穴。家室者，宗廟也。不窋失官，奔戎狄之間，故喪食采宗廟。

音來召走馬。周本紀云，薰育戎狄攻之，欲得財物，復攻，欲得地與民。

音帥⿺走折水滸。西se。⿺走折seh，繞也。

爰及姜女。聿來胥宇
周原膴膴。堇荼如飴
爰始爰謀。爰契我龜
曰止曰時。築室于茲

岐ki。支ki／ci。漆chit／chat。

桼chip／cip。是以自土沮漆或可音自渡沮岐。即岐水轉聲爲漆水。水從山名，本常例也。周本紀云踰梁山，梁山者，公劉之強梁原乎。禹貢冀州段云，壺口治梁及岐，注文已辨壺口在荊山下，故荊山，壺口，梁，岐，四地逼近。

大王去豳，逾梁山，至於岐下，不過越一小丘爾。如此，即足以絕薰育之貪乎。其實本無薰育戎狄之事，大王闢地，作西土，其子孫爲美其兼併，而造是史也。周本紀又云，豳人舉國扶老攜幼，盡復歸古公於岐下。老幼能至，則大王所行不遠可知。

音有來婿予。

音周原嫵嫵。堇，旱芹也。荼，苦菜名。

音爰刻我龜。契khe，刻khek。

音曰止曰是。

迺慰迺止。迺左迺右
迺疆迺理。迺宣迺畝
自西徂東。周爰執事
乃召司空。乃召司徒
俾立室家。其繩則直
縮版以載。作廟翼翼
捄之陾陾。度之薨薨
築之登登。削屢馮馮
百堵皆興。鼛鼓弗勝

音乃畫乃址。

音周原執事。

室家宜作家室，以成韻。

音索版以載。索，繩索。作廟翼翼，說見商頌。

音廄之冗冗，塗之行行。塗，路也。

音築之重重，舍廬並並。

朱熹曰，鼛鼓長一丈二尺，以鼓役事弗勝者，言其樂事勸功，鼓不能止也。

迺立皐門。皐門有伉

迺立應門。應門將將

迺立冢土。戎醜攸行

肆不殄厥慍

亦不隕厥問

柞棫拔矣。行道兌矣

混夷駾矣。維其喙矣

有亢。

音應門敞敞。

音松樹有行。戎jiong，松siong。

音斯不殄厥慍。威之。

惠之。

音行道隧矣。隧，路也。

音混夷退矣，維其飛矣。朱註云，混夷自服，已爲文王之時。本書曰，混夷乃奔退，非自服。此篇至本句止，俱歌大王事，贊文王自下句起。既不殄厥慍，又混夷退矣，明周人之勢，甚強。以此薰育戎狄能攻之乎。

虞芮質厥成

音虞芮執決成。質ci，執cip。虞芮，二國也。大傳云，相爭田。爭執有辭。朱註引蘇氏曰，虞在陜之平陸。余說此蓋據左傳，晉假道於虞以伐虢之文，而定虞址。然與芮，相去有六百里，如何能爭田。芮，蘇氏指同之馮翊，今大荔縣一帶。余案，虞應亦不遠於此，以河對岸，即蒲阪，有虞氏之墟也。此虞應爲其苗裔之一。

文王蹶厥生

音文王決決成。眾裁決俱成之義。成者，說文云，就也。就有依從義，即皆從文王判決，兩造無異議。

予曰有疏附
予曰有先後

有親有疏對有先有後。

予曰有奔奏

音予曰有奔奔走。

予曰有禦侮

緜九章　章六句

（緜完）

大明

明明在下。赫赫在上
天難忱斯。不易維王
天位殷適。使不挾四方
摯仲氏任。自彼殷商
來嫁于周。曰嬪于京
乃及王季。維德之行
大任有身。生此文王
維此文王。小心翼翼
昭事上帝。聿懷多福

音天難參斯。天命無可商量，不改周王。
音天惟殷釋，使不懾四方。釋放有辭。
音子仲氏任。據史記，契，母吞鳦子而生，故曰子氏。
嫁王季。
音小心抑抑。

厥德不回。以受方國
天監在下。有命既集
文王初載。天作之合
在洽之陽。在渭之涘

文王嘉止。大邦有子
大邦有子。俔天之妹
文定厥祥。親迎于渭
造舟為梁。不顯其光
有命自天。命此文王
于周于京。纘女維莘

音在渭之舌。河口之沖積三角洲也。涘**sir**，舌**cih**。洽，今合陽縣，元和誌云，「縣南有莘城，即古莘國，文王妃太姒，即此國之女」。依此，前句指太姒，後句言文王。

音玄天之妹**mui**，成韻下二句之渭。

太姒于歸由水路，自洽川至渭濱。

音敷顯其光。

音有周有囝**kiann**，專／全女惟莘。據史記，武王同母兄弟十人，

長子維行。篤生武王

保右命爾。燮伐大商

殷商之旅。其會如林

矢于牧野。維予侯興

上帝臨女。無貳爾心

牧野洋洋。檀車煌煌

駟騵彭彭。維師尚父

時維鷹揚。涼彼武王

母曰太姒，文王正妃也。既曰正妃，則文王另有嬪妾，專情之說，子孫溢美之辭爾。惟未有庶子，則實焉。

生子成行。

音卜又命爾，攝伐大商。保po，卜poh。燮siat，攝siap。周本紀武王九年……至于盟津，爲文王木主，載以車，中軍，武王自稱太了發，言奉文王以伐。攝伐者，代伐也。

音惟予后興。

音是惟英勇，龍彼武王。

肆伐大商。會朝清明

大明八章

四章章六句

四章章八句

音會朝青明。青，未熟也。即會朝於昧爽。

（大明完）

皇矣

皇矣上帝。臨下有赫
監觀四方。求民之莫
維此二國。其政不獲
維彼四國。爰究爰度
上帝耆之。憎其式廓
乃眷西顧。此維與宅
作之屏之。其菑其翳

音求民之瘼。
二國，朱註夏商也。
音惟彼西國。
音上帝器之。增其四廓。
音賜圍與宅。此tsu，賜su。
音阻之屏之。其災其禍。

修之平之。其灌其栵

音其灌其列。溝渠也。

啟之辟之。其檉其椐

音其井其汲。檉seng，井ceng。椐ki，汲kip。

攘之剔之。其檿其拓

音其堙其堵。

帝遷明德。串夷載路

音串夷在路。

天立厥配。受命既固

帝省其山

柞棫斯拔。松柏斯兌

音松柏是墜。

帝作邦作對

對，兌，俱等值義，相對有辭。帝作邦，作邑，作國之類。

自大伯王季

維此王季

因心則友。則友其兄

則篤其慶。載錫之光

音則投其傾，載謝之康。錫siah，謝sia。即王季投其兄所好，載謝意滿懷。大王長子泰伯，次子仲雍，知大王欲立三子王季。據〈吳太伯世家〉：「二人乃奔荊蠻，文身斷髮，示不可用」。

司馬遷贊泰伯讓國，故列之世家第一。惟太史公於讓國之言，豈無疑乎。不曰行荊蠻，而用奔字，則讓國無有，逃難反見之矣。

依左傳例，出奔當適殷，或退而次之，旅於鄰國。若有返周之機，求先入也。今竟奔至海角之吳，雖少康避澆，亦未若是之懼焉。故史紀實暗指王季有爭位之志，且其人於忍，甚能哉。是以既遠奔，復文身斷髮，遜為蠻夷，示不能登用，以絕王季除根之心。惟本篇乃王季子孫所作，其傳祖輩古事，必美之為王季受讓國，此固人之常情也。

受祿無喪。奄有四方

維此王季。帝度其心

貊其德音。其德克明

音美其德音。貊bek，美be。

克明克類。克長克君

音克明克磊。

王此大邦。克順克比
比于文王。其德靡悔
既受帝祉。施于孫子
帝謂文王。無然畔援
無然歆羨。誕先登于岸
密人不恭。敢拒大邦
侵阮徂共。王赫斯怒
爰整其旅。以按徂旅
以篤周祜。以對于天下
依其在京。侵自阮疆
陟我高岡

音其德靡回。不閃避也。

音無然盤旋。

音侵阮作疆。徂coo，作cook。

音以安族旅。徂coo，族cook。

音伊其在荊，侵至阮疆。

無矢我陵。我陵我阿
無飲我泉。我泉我池
度其鮮原。居岐之陽
在渭之將。萬邦之方
下民之王
帝謂文王。予懷明德
不大聲以色
不長夏以革

音無食我陵。矢**si**，食**sit**。阿音丫，廖氏云，分叉處也。依此當爲山腳叉路處。說文則曰，大陵也，乃從毛傳說。惟阿**a**或音野**ia**。安**an**與焉**ian**，不亦通乎。五子之歌所示ong、iong之音例，於**a**、**ia**，或於**an**、**ian**亦行焉。

度其鮮原，爲徹田賦也，見公劉篇。

音在渭之終。

音有懷明德。

音不大聲以責。色**sek**，責**cek**。

音不長嚇以殛。

不識不知。順帝之則
帝謂文王
詢爾仇方。同爾兄弟
以爾鉤援。與爾臨衝
以伐崇墉
臨衝閑閑。崇墉言言
執訊連連。攸馘安安
是類是禡。是致是附
四方以無侮

說文，方，併船也。仇，讎也，應也，段玉裁曰，當也。即對等義。方，同類義。不類，則弗能併。

音與爾交援。

閑閑，無事也。言言，熙熙嚷嚷也。

執訊，使者也。攸馘安安，無割耳之虞，故安焉。

音是至是附。禡，說文云，師行所止，恐有慢其神，下而祀之曰禡。類，說在舜典肆類于上帝句。

臨衝茀茀。崇墉仡仡
是伐是肆。是絕是忽
四方以無拂

皇矣八章
章十二句

音臨衝忽忽，崇墉夷夷。仡it，夷i。夷平也。
音是伐是殊，是絕是刜。殊，說文云，死也。
音四方以無撫。

（皇矣完）

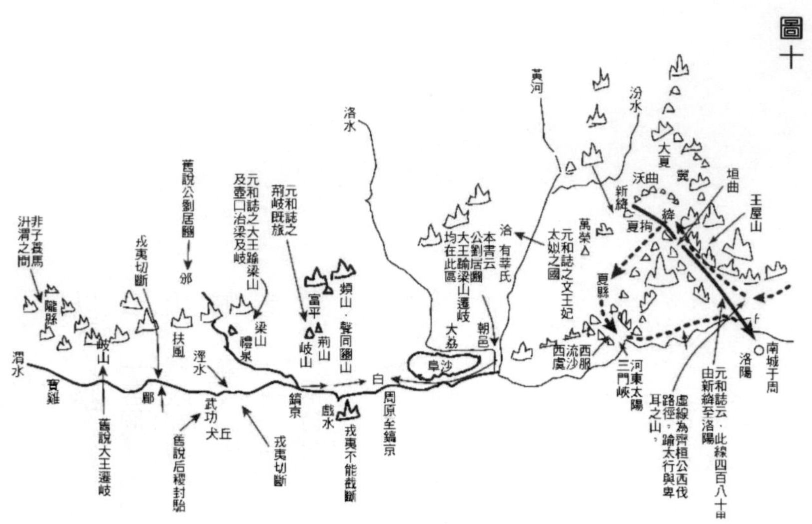
汾水
黃河
大夏
冀
沃曲
垣曲
新絳
絳
夏拘
王屋山
萬榮
元和誌之文王妃太姒之國
洛
有莘氏
本書云公劉居豳大王踰梁山遷岐均在此區
洛水
夏縣
西服
流沙
西虞
河東太陽
三門峽
洛陽
南城于周
元和誌云，此線四百八十里由新絳至洛陽
虛線為齊桓公西伐路徑，踰太行與卑耳之山。
朝邑
大荔
阜沙
白
周原至鎬京
戲水
戎夷不能截斷
鎬京
元和誌之荊岐既旅
富平
頻山，嶭同豳山
荊山
岐山
元和誌之大王踰梁山及壺口治梁及岐
梁山
禮泉
舊說公劉居豳
邠
涇水
扶風
武功
犬丘
舊說后稷封駘
戎夷切斷
郿
戎夷切斷
非子養馬汧渭之間
隴縣
岐山
舊說大王遷岐
寶雞
渭水

圖十

以下大雅各篇地理考證，所引古籍文句，全出自錢穆古史地。其云，「言周初地理者，無弗謂后稷封邰在武功，公劉居豳在邠縣，大王遷岐在岐山，皆在今陝西西部涇渭上游，至文王武王乃始邑於畢，程，豐，鎬……此二千年來公認之說，未有疑其爲不然者……。」惟文王武王前之三地，錢氏有難焉。其所辨，本書欽之贊之。惟以台語音來讀，又另有異解。舊說之大病，在違背常理。大王之岐山，根也，文武之豐鎬，幹也，相去二百五十里，任由戎狄盤據其間，是理也，有諸乎。

若棄舊邑而遷豐鎬，則岐山者，大王之墟也，此語又未嘗有聞。故舊都仍在，其阡陌溝渠之力，曾興周邦，能遺之於戎狄重重包圍中乎。

故知渭水上游，非大王岐山之所在。然說豐鎬以西，盡戎狄出沒，其據焉在。古史地之〈西周戎禍考〉引秦本紀云，周厲王時，西戎反王室，滅犬丘大駱之戎。犬丘去鎬近百里，大駱之戎，則伯益之後，申侯之外孫也。百里不過三舍，王師未出以救，非不爲也，實弗能也。自京垣西望，無一城一池可蔽，惟縷縷狼煙不散。師徂犬丘，能安返乎。武王滅商後，先有三監，東夷之叛，後繼以昭王之南征不返。周初外患，在東在南，其西則無禦。放之自然二百年，火終起自後院，戎狄既孳繁矣。約五十年後，犬戎滅西周，此又另一證。西戎之盛，不如封建列國，竟能敗王師，殺天子，必數力共濟所至。然密集於鎬郊，必爲一因也。犬丘近鎬而貧，西戎滅之。岐山則遠矣，有倉有糧，反捨棄不劫。前後情理，不能一也。故錢氏辨大王之岐山，不在涇渭上游，其說合理。然其指在山西，本書復有言焉，見〈緜〉注文。

本篇乃姜嫄后稷之考，其封地有邰，舊說在今武功縣。錢氏主張今山西聞喜縣。茲據錢氏引左傳昭九年文以推之。王使詹桓伯之言曰：「我自夏以后稷，魏，駘，芮，岐，畢，吾西土也……吾何邇封之有。」周王之有此語，因周人晉人互爭田。其意爲晉自唐叔虞迄今，拓土達數十倍。而我周自武王克商，獲蒲姑，商奄後，寸土未加。而今暴富之晉，竟來爭我田。周王言其地域，乃可信之語，否則，無以屈晉以理。魏者，舜典之溈汭也，今蒲阪一帶。邰者，汾水於今新絳縣以下，詳細點則弗能定。左傳昭元年，鄭子產云，「臺駘能業其官，宣汾洮，障大澤，以處大原，帝用嘉之，封之汾川……」。既曰封之汾川，必在彼水岸矣，弗能靠聞喜縣也。惟必在新絳以下，又是何說。汾水先南下後轉西入河，若成大澤，多生於曲折處，此乃常例。何況澮水又自東來，於新絳合流。故臺駘事業成於此，其受封亦必在附近。

而錢穆之主有郃在聞喜，以有二據也。其一，《聞喜縣志》載姜嫄墓在此，姜嫄者，有郃氏女也。

其二，《水經・涑水注》云，涑水兼稱洮水。而聞喜正當涑水之陽，臺駘之宣汾，洮，即暢汾，涑。惟本書既云，左傳以後各書，一概疑之。故不採信此二證，仍立有駘於汾水下游。惟臺駘所宣洮水，以此亦弗能求其處矣。惟由常理尋之，汾洮連稱，則二水共流域也明焉。〈晉世家〉云，晉穆侯七年，伐條，生太子仇。條音洮乎。

既同流域，則條去今翼城，曲沃當弗能遠。

文王之什三之一

文王

文王在上。於昭于天

周雖舊邦。其命維新

有周不顯。帝命不時

文王陟降。在帝左右

亹亹文王。令聞不已

陳錫哉周。侯文王孫子

文王孫子。本支百世

音有昭於天。

至文王始受命。

音帝命不示。

音美美文王。

音旦夕在周，護文王孫子。侯hoo，護hook。

凡周之士。不顯亦世

世之不顯。厥猶翼翼

思皇多士。生此王國

王國克生。維周之楨

濟濟多士。文王以寧

穆穆文王。於緝熙敬止

假哉天命。有商孫子

商之孫子。其麗不億

上帝既命。侯于周服

縱未顯赫，猶代代爲貴族。

音厥猶奕奕。

音惟周之眾。

音多多多士。

音有幾希景志。

音格哉天命。假**ke**。格**kek**，至也。

音其麗不遺。

侯服于周。天命靡常
殷士膚敏。祼將于京
厥作祼將。常服黼冔
王之藎臣。無念爾祖
無念爾祖。聿修厥德
永言配命。自求多福
殷之未喪。師克配上帝
宜鑒于殷。駿命不易
命之不易。無遏爾躬

天命不常在商。
音殷士富敏，改從於京。
音厥作改從，常服黼黻。
音王之新臣。
音有守厥得。聿ut，有u。
配合有辭。
音祀克配上帝。

宣昭義問。有虞殷自天
上天之載。無聲無臭
儀刑文王。萬邦作孚
文王七章
章八句

音訕笑議論，有禦殷自天。昭ciau，笑siau。問mng，論mng。以掄崙有音mng者也。惟問亦音bun，取此聲則作訕笑疑問。
臭，廖氏云，氣味也。
音萬邦作服。

（文王完）

泰誓上第一

此僞文之十四。

周書

惟十有一年。武王伐殷

一月戊午。師渡孟津

殷本紀作十二月戊午，用殷正也。

書序用周正。

作泰誓三篇

惟十有三年春

書序明言惟十有一年，此句曰十有三年，王先謙云，梅頤用劉歆說，以文王受命九年而崩，而史紀，今文家俱云受命七年崩，故生十三與十一年之異。

大會于孟津

王曰嗟

我友邦冢君

越我御事。庶士

明聽誓

惟天地。萬物父母

惟人。萬物之靈

亶聰明。作元后

音我友邦長君。

踰越有辭。至也，及也。

音選聰明。亶sian，羨sian／soan，選soan。王先謙書引閻若璩云，《詩·祁父》亶不聰。詩原章爲，祁父，亶不聰，胡轉予于恤，有母之尸饔。詩之亶不聰音膳不充。聰chong，充chiong。惟聰當亦有chiong聲，以从倉之字，或音chong，或音chiong。再者，母音ong、iong互通，其例於五子之歌，既見之焉。詩之義，在老母食膳未足，去誓師遠哉，如何簒入經文。閻之證，誤舉也。此六句，其義至早聞諸仲虺之誥，「惟天生民有欲，無主乃亂，惟天生聰明時乂……天乃錫王勇智，表正萬邦……」。

元后作民父母
今商王受。弗敬上天
降災下民。沉湎冒色

敢行暴虐
罪人以族。官人以世

惟宮室。台榭
陂池。奢服
以殘害于爾萬姓
焚炙忠良。刳剔孕婦

皇天震怒。命我文考
肅將天威。大勛未集

音沉湎貌色。

二句近大禹謨「罰無及嗣，賞延于世」。

惠棟云，墨子尚鬼篇。

音倏章天威，大勛未緝。集字左丘明襲用，自傳首至傳末。緝，說文曰，績也。功績有辭。

肆予小子發

以爾友邦冢君

觀政于商

惟受罔有悛心

乃夷居弗事上帝神祇

遺厥先宗廟弗祀

犧牲粢盛。既于凶盜

乃曰。吾有民有命

罔懲其侮

音恕予小子發。

音罔有撙心。撙，扭也，轉也。

音乃依舊弗事上帝神祇

音既與凶盜。

音罔停其侮。王先謙書引惠棟云，二句墨子天志篇有「乃曰，吾有命，無廖僔務天下，天亦縱棄紂而不保」。又非命篇云「乃曰吾民有命，無廖排漏，天亦縱之棄而弗葆」。又云「我民有命，毋僇其務……」。

天佑下民
作之君。作之師
惟其克相上帝
寵綏四方
有罪無罪

惠棟三引，字微有異，明墨字天志，非命篇，不出同一人。且憑口誦，無簡冊在手。惟惠棟亦未斷言，梅賾書襲墨子，且未疑墨子書何以字各異。其固有疑焉，然未嘗下抄襲二字。而僞文之名已定，求功心切，清儒不乃有是乎。

今排比三引文如下：

無廖⿰亻鼻務。音無寥啡侮。啡pi，鼻pi。廖氏甘氏俱未收⿰亻鼻字。

毋僇其務。音無寥其侮。

無廖排漏。音無寥啡漏。

台語音無寥，不少也，即梅賾書之罔懲。台語不能互音者，獨排漏二字。排，疑啡字破所成。文引大（泰）誓篇，一也。啡pi漏loo，其ki侮bu，則二也。子音俱不互音，何以致此，必傳誦者亦二也。

音定綏四方。寵theng，定teng。

予曷敢有越厥志

越過有辭。

同力度德

四字，閻若璩云，左昭二十四年，萇弘之語。此揭發，無異辭焉。

同德度義

本句既僞，而有駢字同力度德在前，則二句並僞焉。

受有臣億萬。惟億萬心

予有臣三千。惟一心

四句，惠棟云，管子引大誓文。同力起至惟一心止六句，未承上文，亦不接下語。

商罪貫盈。天命誅之

予弗順天。厥罪惟鈞

予小子夙夜祗懼

受命文考。類于上帝

類于上帝見舜典。

宜于冢土

音宜於中土。

以爾有眾。底天之罰

天矜于民

民之所欲。天必從之

爾尚弼予一人

永清四海

時哉。弗可失

音致天之罰。

音天眷於民。

音永靖四海。清cheng，靖ceng。

此篇有僞，然說其數多，亦無證焉。

泰誓中第二

周書

惟戊午。王次于河朔

群后以師畢會

王乃徇師而誓

曰。嗚呼

西土有眾。咸聽朕言

我聞吉人為善

惟日不足

凶人為不善

亦惟日不足

此僞文之十五。

音王次於河隈。隈字見堯典。

音王乃巡師而誓。

音畏日不足。下句同。

今商王受力行無度

音戾行無度。力lek，戾le。

播棄犁老

音粕棄犁老。播po，粕phoh。

昵比罪人

音匿庇罪人。

淫酗肆虐。臣下化之

音臣下法之。化hoa，法hoat。

朋家作仇。脅權相滅

音夾權相滅。

無辜籲天。穢德彰聞

惟天惠民。惟辟奉天

辟，政也。

有夏桀。弗克若天

若天，梅賾書注曰順天，蓋從今文家之說也。僞作用此二字，不值深究。

流毒下國

天乃佑命成湯
降黜夏命
惟受罪浮于桀
剝喪元良。賊虐諫輔
謂己有天命
謂敬不足行
謂祭無益。謂暴無傷

厥監惟不遠
在彼夏王
天其以予乂民
朕夢協朕卜

音天乃有命成湯。

三句，墨子非命上有類語云，「……福不可請，禍不可諱，敬無益，暴無傷」。諱hui，疑原作回hoe，禍不可迴也。因悔hoe／hui字介轉而致。或作禍不可違ui，亦互音。

惟墨子四句似原文，其前二句梅賾書未引，卷簡散佚乎。

襲于休祥
戎商必克
受有億兆夷人
離心離德
予有亂臣十人
同心同德
雖有周親。不如仁人
天視自我民視
天聽自我民聽
百姓有過。在予一人

夢吉，卜亦若是。

亂臣，造反者也。

音雖有紂親，不如仁仁。周**ciu**，紂**tiu**，英語 **t**、**ts**、**ch** 之音變例。仁，則果仁也，非仁愛之仁。台語謂之精英。有辭曰，揀价**kah**仁**jin**仁仁，即精選者義。

二句，孟子萬章篇引大誓文。自從有辭。

閻若璩云，論語堯曰篇：「雖有周親，不如仁人。百姓有過，在予一人」。案其於梅賾經文，少天視二句。今考堯曰首章，則推測泰誓原文，當無百姓二句。梅賾書見堯曰有之，乃襲入僞文。堯曰篇先引湯祈雨之禱辭，曰，朕躬有罪，無以萬方，萬方有罪，罪在朕躬。繼引雖有周親，不如仁人二句，乃以仁人爲仁愛之人，故下造百姓有過，在予一人八字。而無知其實死硬派之謂也。以弗解仁人，故捨去其後經文之天視二句不引。僞梅賾書者，或因竹簡散斷，懼有佚文，見堯曰有此二句，便襲入篇，未察其實非引文，乃作堯曰者自語。

故百姓二句，抄襲也。其餘自天其以予乂民起，十數句文義一貫，爲原經無疑。反觀堯曰篇則文義各不相屬，如何襲之。

今朕必往。我武惟揚
侵于之疆。取彼凶殘
我伐用張。于湯有光

音有當／堂有光。湯thong，當tong。

勖哉夫子

音飽哉夫子。說見牧誓。

罔或無畏。寧執非敵

音寧失非敵。執cip，失sit。告戒將士不可無所忌。未抵抗者，寧

百姓懔懔。若崩厥角

嗚呼

乃一德一心

立定厥功。惟克永世

縱之。

音若崩厥覺。懔懔，驚懼貌。覺，知覺也。四句，孟子盡心篇作「王曰，無畏，寧爾也。非敵，百姓也。若崩厥角，稽首」。案稽首應作稽首也。與寧爾，百姓也對仗，此乃孟子解釋泰誓之語，非經文。原誓師辭即梅賾書所載。

王先謙書舉本篇多處，近似左傳墨子論語孟子。然本篇辭意連貫，綴補或偶有，全篇纂成則難。雖有僞，原文實居多。

泰誓下第三

此僞文之十六

周書

時厥明

王乃大巡六師

明誓眾士

王曰。嗚呼

我西土君子

天有顯道。厥類惟彰

今商王受。狎侮五常

荒怠弗敬

自絕于天。結怨于民

斫朝涉之脛

剖賢人之心

作威殺戮。毒痛四海

崇信奸回。放黜師保
屏棄典刑。囚奴正士
郊社不修。宗廟不享
作奇技淫巧。以悅婦人
上帝弗順。祝降時喪
爾其孜孜。奉予一人
恭行天罰
古人有言曰
撫我則后。虐我則仇
獨夫受。洪惟作威
乃汝世仇
樹德務滋。除惡務本
肆予小子
誕以爾眾士
殄殲乃仇
爾眾士。其尚迪果毅

音恕予小子。

以登乃辟

音其尚迪果義。

音以聽乃辟。王先謙書引梅鷟云，左傳宣公二年文。春，鄭宋戰於大棘，宋師敗績，喪甲車四百六十乘……「狂狡輅鄭人，鄭人入於井，倒戟而出，獲狂狡。君子曰，失禮違命，宜其爲禽也。戎昭果毅以聽之，之謂禮。殺敵爲果，致果爲毅，易之，戮也」。狂狡以乘衡鄭師，鄭人避入於井，再倒戟爬出，自後圍狂狡車，擒之。宋師已敗，狂狡自作主衝鋒，致孤乘遭圍。君子曰，即左丘明言也。失禮違命，自作主也。戎昭音戎詔，軍令也。爲毅音爲義。殺敵，軍士之義。易之，不聽也，戮之。犯令之勇，貶之曰違禮。凡於軍於政有顯功，左傳例贊曰，禮也。違禮，責以戮之。案梅賾書，左傳俱有果毅二字，然梅書襲左傳乎。今驗前之僞文。左傳句有書曰，夏書曰者，其下文例呈見梅書，故清儒稱篡襲左傳。惟上引之全段傳文，無書曰二字。作僞者如何知其乃經文？既不知，而能煉十數句傳文爲二句經文，其才高矣，其勞苦矣，而其報也，又何其微哉。既窮盡左傳，能淬出一家之言，偏棄之弗爲。獨取作僞經，埋名隱姓而終不悔。有之乎，抑無之乎，斯人又斯事也。故疑二句梅書襲自左傳，不如說二句乃原經文，左丘明親爲釋焉。

功多有厚賞。

不迪。有顯戮

音不敵。

嗚呼。惟我文考

若日月之照臨

光于四方。顯于西土

惟我有周。誕受多方

予克受。非予武

二句以下，王先謙書引惠棟云，《禮記・坊記》文。

惟朕文考無罪

受克予

非朕文考有罪

惟予小子無良

全篇僞處多於眞。

牧誓第四

周書

武王戎車三百兩
虎賁三百人
與受戰于牧野
作牧誓
牧誓
時甲子昧爽

梅賾書注云，二月四日，甲子。此注其誤大哉。一月戊午師渡孟津，書序之文也。今注二月甲子，時相去六日，孟津至牧野，地相去近四百里，連奔六日，師老甚矣。史記所書則正，其云十二月戊午渡盟津，二月甲子昧爽，武王朝至於商郊牧野。凡六十六日，行四百里，悠哉遊哉，周師其有焉。如斯緩者，在擇甲子日，數之始，以立周國。書序復云，師渡孟津，作泰誓三篇。時逾二月，誓三之，遊刃有餘焉。如依梅書註六日，師奔尚懼不及，尚能三誓乎。史紀用殷正，二月甲子於周正爲三月甲子，夏正則元月甲子。

王朝至于商郊牧野

乃誓

王左仗黃鉞

右秉白旄以麾

曰。逖矣。西土之人

王曰。嗟

我友邦冢君。御事

司徒司馬司空

亞旅師氏

千夫長百夫長

及庸蜀羌髳微盧彭濮人

自鎬至孟津，八百餘里。周師十二月渡孟津，夏正爲十一月。則其發自鎬，約夏正九十月，秋收畢，正用兵時也。此句今文作二月甲子昧爽，殷本紀即用今文說。

自豐至牧野，近千二百里矣，遠哉。

音我友邦長君。今文無御事。

稱爾戈。比爾干

立爾矛

予其誓

音正爾戈，筆爾干。正直，筆直有辭。

王曰。古人有言曰

牝雞無晨

牝雞之晨。惟家之索

音惟家之縮／束，縮則弱矣。孟子曰，自反而縮，朱子註云，直也。台語自反而素，既曰縮，又爲直，如何約定成俗。素直則有辭。

今商王受。惟婦言是用

今文作惟殷王紂。受siu，紂ciu。

昏棄厥肆。祀弗答

音昏棄厥祀。答，答應有辭。今文作自棄其先祖肆祀不答。

昏棄厥遺王父母弟不迪

音弟不悌。今文遺上多家國二字。

乃惟四方之多罪逋逃

是崇是長。是信是使
是以為大夫卿士
俾暴虐于百姓
以奸宄于商邑
今予發。惟恭行天之罰
今日之事
不愆于六步七步
乃止齊焉。夫子勖哉

今文無此句。

音乃止罪焉，夫子飽哉。不過六七步，非誇言也。師渡孟津，其地在朝歌，豐鎬中點，然殷師不出。任周兵直至朝歌近郊，未戰，其勝負天下人既見焉。故武王能擇日而戰。不愆於六步七步，此衝鋒前之辭。迥異乎泰誓。勖，說文云，「勉也。周書曰，勖哉，夫子，从力冒聲，許玉切」。周本紀作夫子勉哉，故說文解勖，即从今文家說。惟冒聲，許玉切，又不通焉。廖氏作勖**hiook**，即許玉切之聲，蓋从說文也，冒不應爲**mau**乎，去許玉切遠矣。去卯則否。卯**mau**／**bau**／**pau**，若傳誦時轉爲**pau**，即成飽字。卯足有

不愆于四伐五伐
六伐七伐
乃止齊焉
勖哉夫子
尚桓桓。如虎如貔
如熊如羆。于商郊
弗迓克奔。以役西土
勖哉。夫子
爾所弗勖

辭，然卯有足義，足有卯義乎，未有聞焉。易作飽足，則久識哉。飽足全力，卯足勁，其義一也，其聲並互通。故勖哉當音飽哉。再者，勉哉不過鼓勵爾，足哉則命令也。然說文所載力冒聲，或實可深究。力lek，冒則另作bek，冒頓單于即此音，如是力冒聲去許玉gek切，再曰遠哉已不能矣。說文記此聲，玄哉。以下勖聲俱仿此。

音尚犯犯。

音弗逆克奔，以逸西土。迓ge，逆gek。即前二篇之寧執非敵。

其于爾躬有戮

周本紀云，武王九年，東觀兵，至於盟津……諸侯不期而會盟津者八百諸侯。十一年……諸侯兵會者車四千乘，陳師牧野。周師二出，或至盟津，或達牧野，殷之諸侯來禦者，未有聞焉。而周有聯軍甚眾。或中土本己姓故居，其與周同源，是以助之。據殷本紀，殷分封同姓共七諸侯。然俱不聞於經傳，似俱小國爾。如此殷之與國不禦周師，亦無足怪。惟孟子云，湯有十一征。今武王只一役。幹強枝弱，或本殷之政。故周克殷後，封建姬姓五十三國，魯為大，封姜姓，齊為大，以藩周國。惟分與合，其人為之乎，抑天使之乎。所謂天人之變，其問也久矣，其答也未有焉。

武成第五

周書

武王伐殷

往伐。歸獸

識其政事。作武成

武成

惟一月壬辰。旁死魄

越翼日。癸巳

此僞文之十七。

音歸狩。

音方死白。梅賾書注云，周之正月二日。然當爲十七日，月盈而初虧也。周正月於夏曆爲十一月。王先謙書引惠棟云，《漢書・律曆志》周書武成篇曰，惟一月壬辰旁死霸。梅賾書即出自此。律曆志下又曰，死霸，朔也，生霸，望也。故梅賾書註爲正月二日。然死魄又有方死既死之分。律曆志未言，後世乃大誤焉。僞文即如此。其以下各標示日期，亦以此而愆。

王朝步自周
于征伐商

厥四月。哉生明

王來自商。至于豐
乃偃武修文
歸馬于華山之陽
放牛於桃林之野

梅賾書云，正月三日行，二十八日渡孟津。凡二十六日軍行八百至九百里，近日行三十里，一舍也，古之兵法有是焉。奈何旁死魄實十七日，如是則日行六十里，師憊矣。梅賾書註二十八日為戊午，反推壬辰則為二日。如是旁死霸當為既死霸。月白既死，則朔也，漢書引武成篇，或誤引死霸為旁死霸。

音才生明。梅賾書注，四月三日。
惠棟又云，律曆志武成篇，惟四月既旁生霸。霸**pa**／**phek**，白**pah**／**peh**，魄**phek**。三字俱指月明。段玉裁引孝經說，魄，白也。說文云，霸，月始生。段說許說俱正。

示天下弗服
丁未。祀于周廟
邦甸侯衛駿奔走
執豆籩
越三日
庚戌。柴望
大告武成
既生魄
庶邦冢君暨百工
受命于周
王若曰。嗚呼。群后
惟先王建邦啟土
公劉克篤前烈

音示天下弗復。息戰也。

王先謙書引程云，詩周頌，駿奔走在廟。惟大雅緜，予曰有奔奏。
一走一奏，台語皆聲coo。

梅賾書注，十五日後。初十五後，非生魄，乃死魄也。

至于大王。肇基王跡
王季其勤王家
我文考文王
克成厥勳
誕膺天命。以撫方夏
大邦畏其力
小邦懷其德
惟九年。大統未集
予小子其承厥志
底商之罪
告于皇天后土
所過名山大川。曰
惟有道曾孫周王發
將有大正于商

有道非上古用辭。

音大征於商。

今商王受無道
暴殄天物。害虐烝民
為天下逋逃主
萃淵藪

予小子既獲仁人
敢祗承上帝
以遏亂略
華夏蠻貊。罔不率俾
恭天成命
肆予東征。綏厥士女

說見上。

音罪淵藪。萃cui，罪coe。嬰兒滿一周歲，台語曰，度晬coe。故卒，晬均有coe聲。

仁人見泰誓中第二。

俾音被。

音俟予東征。

惟其士女。篚厥玄黃

昭我周王。天休震動

用附我大邑周

音麾厥玄黃。

天休，天之庇蔭也。

七句，王先謙書引梅鷟云，孟子文。滕文公下原文「有攸不惟臣，東征，綏厥士女，匪厥玄黃，紹我周王見休，惟臣附于大邑周」。孟子末二句，斷句異乎僞文，字亦如是。此引之前，引仲虺之誥曰，南面而征北狄怨，又曰徯我后，后其來無罰。仲虺武成二引其間，孟子解經，下有攸（音猶）不惟（音爲）臣五字。今於孟子所引，有難焉。武王伐紂，僅一朝之戰，未聞尚有他役。滕文公篇湯則十一征。篇中萬章問，宋，小國也，將行王政，齊楚惡而伐之，則如之何。故孟子舉湯爲例，云南面而征北狄怨，四海之內舉首而望之，齊楚雖大，何畏焉。據史載，伐紂前，周已三分天下有其二，與滕文公篇之宋小國也，其差異遠矣。

故孟子書之有攸不惟臣東征七字，非原經文，疑爲註文誤入。見休惟臣四字，疑爲天休震動用五字殘形。見與天，形似。用和臣，亦

惟爾有神。尚克相予

以濟兆民。無作神羞

既戊午。師逾孟津

癸亥。陳于商郊

俟天休命

甲子昧爽

受率其旅若林

近。震動與惟，則遠矣，其原委弗得推。然此七句，不得曰其襲孟子，應是原經文。

音無作神酬。此處抄襲左傳荀偃禱辭。其原文曰，「荀捷有功，無作神羞，官臣偃，無敢復濟」。即荀獲勝，而未酬神，偃不敢渡河返晉。

平陰之役，晉大勝，荀偃忘其誓而渡黃河，及著雍，病，目出而卒。著雍音著用。著用者，祭物神取用也。神取荀偃双目以償。詳見小子之《左丘失明厥有台語》。梅賾書不知神羞實神酬，而從杜預註，乃竊左傳文以用，並去官臣偃二句，以避抄襲之嫌。

休字義，見天休震動句。

會于牧野

罔有敵于我師

前徒倒戈

攻于后。以北

血流漂杵

一戎衣。天下大定

乃反商政。政由舊

釋箕子囚。封比干墓

式商容閭

散鹿台之財

音攻於後。以北，敗北有辭。

王先謙書引鄭玄注禮中庸云，齊人言殷聲如衣，是中庸之壹戎衣，即康誥之殪戎殷也。齊人口音果如是乎，未有據也。其台語音見康誥。

梅賾書註云，商容，賢人，紂所貶退。惟商容，經傳未嘗有聞。故或音釋商勇旅，較當。

發鉅橋之粟
大賚于四海

而萬姓悅服

列爵惟五。分土惟三

建官惟賢。位事惟能

重民五教。惟食喪祭

惇信明義。崇德報公

垂拱而天下治

音大利於四海。

音爲恤喪祭。

本篇僞多於眞。

洪範第六

本書不注。

旅獒第七

此僞文之十八。

周書
西旅獻獒
太保作旅獒
旅獒
惟克商
遂通道于九夷八蠻
西旅底貢厥獒
太保乃作旅獒
用訓于王
曰。嗚呼
明王愼德。西夷咸賓
無有遠邇。畢獻方物
惟服食器用

王乃昭德之

致于異姓之邦

無替厥服

分寶玉于伯叔之國

時庸展親

人不易物。惟德其物

大立德於服食器用。

以四物致於異姓諸侯。舜典云，車服以庸。

使無退厥服。替音退。

音是用展親。

王先謙引梅鷟言，左傳僖公五年，宮之奇曰，民不易物，惟德繫物。此乃對虞君「吾享祀豐絜，神必據我」之答。並結論曰，非德，則民不和，神將不據虞國。今引宮之奇全文「臣聞之，鬼神非人實親，惟德是依。故周書曰，皇天無親，惟德是輔。又曰，黍稷非馨，明德惟馨。又曰，民不易物，惟德繫物……」三引周書，故二句經文，於宮之奇其義甚明，即所謂鬼神惟德是依。然與旅獒前後語，格格不入矣，鬼神何干於致服食器用於異姓之邦。

德盛不狎侮
狎侮君子
罔以盡人心
狎侮小人
罔以盡其力
不役耳目。百度惟貞
玩人喪德。玩物喪志
志以道寧。言以道接
不作無益害有益

故人不役物，作弗役於物解。於是能以物致德，即時庸展親，所謂惟德其物。經文二句，既承上復启下，非篡輯自左傳也。

繄i，役ek。然从殹聲之醫翳，俱音e，故繄亦有此聲。惟「賦詩斷章，余取所求」，乃春秋常例，宮之奇說經，強解有之。以對答問，倉促引經，求其周全，實難焉。

貴族以下曰小人。

音百度惟正。

功乃成

不貴異物賤用物

民乃足

犬馬非其土性。不畜

音非其土生。

珍禽奇獸。不育于國

不寶遠物。則遠人格

所寶惟賢。則邇人安

嗚呼。夙夜罔或不勤

音夙夜罔或不謹。勤khin，謹kin。

不矜細行。終累大德

音不謹細行。

為山九仞。功虧一簣

允迪茲生。民保厥居

音恩澤孳生。

惟乃世王

曰此篇僞少眞多。

巢伯來朝。芮伯作旅巢命

（旅獒完）

（巢命篇亡）

金縢第八

武王有疾
周公作金縢
金縢
既克商二年
王有疾。弗豫
二公曰。我其為王穆卜
周公曰
未可以戚我先王
公乃自以為功

音弗癒。

音我其爲王謀卜。穆book，謀boo。今文穆作睦。

音未可以慼我先王。憂慼也。

音自以爲伉。左傳成公十一年，己不能庇其伉儷。伉，从亢从人，所相對者也。以己爲武王之對。今文功作質。

為三壇同墠

為壇于南方

北面周公立焉

面北者，死相也。今文作周公北面立。

植壁秉珪

今文植作戴，珪作圭。作戴者，由同義字飾轉也。飾，植俱音sek。然植璧當音席璧，墊以席也。

乃告太王王季文王

史乃冊。祝曰

祝，說文云，祭主贊辭者。

惟爾元孫某

事主為周公，非武王，故不告武王名，以避鬼神沖之。此句今文作惟爾元孫王發。

遘歷虐疾

今文作勤勞阻疾。

若爾三王

是有丕子之責于天

丕子，大子也。今文丕作負。

以旦代某之身

事主報其名於鬼神。今文某作王發。

予仁若考能

音予人na較能。今台灣話云，我人na較巧。下文若同。五字今文作旦巧二字，能字屬下讀。

多材多藝。能事鬼神

乃元孫

今文作乃王發。

不若旦多材多藝

不能事鬼神

乃命于帝庭。敷佑四方

命周公。

用能定爾子孫于下地

四方之民。罔不祗畏

嗚呼

無墜天之降寶命
我先王亦永有依歸
今我即命于元龜
爾之許我
我其以璧與圭
歸俟爾命
爾不許我
我乃屏璧與圭
乃卜三龜。一習吉
啟籥見書。乃并是吉
公曰。體王其罔害

天之寶命者，文王所受之命也。

俟爾神來取我命。

音一襲吉。連續三吉兆。史紀魯世家云，乃即三王而卜，卜人皆口吉。

音推王其罔害。今文一無體字。

予小子新命于三王

惟永終是圖

茲攸俟。能念予一人

公歸

乃納冊于金縢之匱中

王翼日乃瘳

武王既喪

管叔及其群弟

乃流言于國。曰

公將不利于孺子

周公乃告二公。曰

我之弗辟

卜命於三先王。

永終者，長眠也。

音茲有死。今將死矣，能念我乎。茲攸俟今文作茲道。

我不行法。

我無以告我先王

周公居東二年

則罪人斯得

于後公乃為詩

以貽王

名之曰鴟鴞

王亦未敢誚公

秋大熟。未穫

天大雷電以風

禾盡偃

大木斯拔。邦人大恐

文王所受天命，今如亡之，將何以告。

音以遺／與王。

鴟鴞音飼厶。厶，孺子成王也。

王亦未敢召公。今文作訓公。

尚未割。

今文電作雨。

王與大夫盡弁

王先謙書載，穀梁文十三年書疏引鄭云，「……必爵弁者，承天變，故降服，亦如國家失道焉」。

以啟金縢之書

乃得周公所自以為功

功音伉，今文作質。

代武王之說

二公及王

乃問諸史與百執事

對曰。信。噫

公命我。勿敢言

王執書以泣

曰。其勿穆卜

音其勿謀卜。

昔公勤勞王家

惟予冲人弗及知

冲人，說在商書。今文作幼人。

今天動威
以彰周公之德
惟朕小子其新逆

我國家禮亦宜之
王出郊
天乃雨。反風

禾則盡起
二公命邦人
凡大木所偃。
盡起而築之
歲則大熟

音惟朕小子其身逆。今文逆作迎，無新字。古文新逆一作親迎。說文云，闢東曰逆，闢西曰迎。前文有王亦未敢誚公。

今文乃作止。

大誥第九

周書

武王崩

三監及淮夷叛

周公相成王

將黜殷

作大誥

大誥

王若曰

猷大誥爾多邦

越爾御事。弗弔

王先謙書云，伏生大傳以大誥列金滕前。

音有大誥爾多邦。今文作大誥猷。

跨越有辭。弗弔音弗著。弔tio，著tioh。弗著，即未著病乎，問候語也。著涼，著痧，著火，著災（染疫），俱有辭。

天降割于我家
不少延洪惟我幼冲人

嗣無疆大歷服

弗造哲。迪民康

矧曰音甚曰。
其有能格知天命

已。予惟小子

若涉淵水
予惟往求朕攸濟

音不肖言放謂我幼冲人。王先謙書云，二句，今文同馬鄭古文，作天降害于我家，不少延，洪惟我幼冲人。

繼有無疆之土。

未造訪賢者，致民康。今文作不遭悊。悊，說文云，敬也。

音其有能乩知天命。格**kek**，乩**ke**。今文格作往。

已，發語辭。今文作熙。

音予惟營求身有濟。朕**tim**，身**sin**。

敷賁敷前人受命

音復訓夫前人受命。敷**hu**，復**hook**。覆**hook**／**hu**，故復亦有**hu**聲。賁**phun**。然墳憤僨噴皆音**hun**，故賁亦然。訓**hun**，祖訓也。今文作奔傳前人受命。

茲不忘大功

音至不忘大功。

予不敢閉于天降威

不敢無視天降威。依王先謙書，此句今文作，予不敢比于天降威用。

用寧王遺我大寶龜

寧王，文王也。今文用字屬上句。

紹天明

音紹天命。

即命曰

即卜曰。

有大艱于西土

卜辭首句。

西土人亦不靜

越茲蠢

殷小腆誕敢紀其敘

天降威

知我國有疵

民不康

曰。予復反

鄙我周邦。今蠢

今翼日

音越滋蠢。滋生蠢動。

音殷小典膽敢起其敘。誕tan，胆tam。今文作犯其序。

音致我國有疵。

曰。我商將返。

音今春。

音今之日。翼ek／sit，之ci。

民獻有十夫

予翼以于敉寧武圖功

我有大事休

朕卜

并。吉

肆予告我友邦君

越尹氏庶士御事

曰。予得吉卜

今文獻作儀。

音予役以有敉寧武頭功。圖too，頭thoo。寧武，文王武王。以下圖音倣此。

音我有大事求。休hiu，求kiu。

卜辭結束。

音幵，吉。幵，開卜也。開卜見吉，而經文作并吉，疑因幵并形近，且篇末復有矧今卜并吉句，後人因而改爲并。

肆音恕。

予惟以爾庶邦

于伐殷。逋播臣

爾庶邦君

越庶士御事

罔不反曰。艱大

民不靜

亦惟在王宮邦君室

越

予小子考翼不可征

王害不違卜

嗣予沖人永思艱

音以伐殷，捕暴臣。

音曰。

音予小子考實不可征。

音王曷不違卜。自艱大至本句，爲諸侯之言。今文無害字。

音恕予沖人永思艱。

曰。嗚呼

允蠢鰥寡。哀哉

予造天役

遺大投艱于朕身

越予冲人不卬自恤

義爾邦君

音溫呑狷介。蠢**chun**，呑**thun**。然聲從春之椿，音**chun**／**thun**，故蠢亦有**thun**聲。即**ch**、**ts**變音例。寡**koa**，介**kai**。芥菜音芥**koa**菜，即介尚有**koa**聲。狷介者，清高也。周公管叔蔡叔，自家兄弟相爭，周公必爲正乎，其弗能共治乎。各有辭，互不讓。故狷介者自清，不問其事，弗沾其利。

音予遭天禍／疫。今文造作遭。

音遺大毒艱于朕身。投**too**，毒**took**。

音不邛自恤。不病於自恤。

音亦爾邦君。義**gi**，亦**iah**／**ek**。而从亦聲之奕有**i**聲，則亦必如是。

越爾多士

尹氏御事

綏予曰。無毖于恤

不可不成乃寧考圖功

已。予惟小子

不敢替上帝命

天休于寧王

與我小邦周

寧王惟卜用

克綏受茲命

音無閉於恤，即不邛自恤。

音寧考頭功。文武王已死，故稱考。

今文已作熙。

音退上帝命。今文替作僭。

天庇蔭文王。

此句今文無寧字。

音克遂受此命。所謂文王受命，原由卜大寶龜得吉而來。

今天其相民
矧亦惟卜用
嗚呼。天明畏
弼我丕丕基
王曰。爾惟舊人
爾丕克遠省
爾知寧王若勤哉
天閟毖我成功
所予不敢
不極卒寧王圖事
肆予大化誘我友邦君

音天明威。今文畏作威。
音爾否克遠省。
音天必庇我成功。今文作毖勞。
音所以不敢不極卒寧王頭事。
音恕予大話。

天棐忱。辭其考我民

音天非參，思其考我民。天命無可商量，或其在試探我民。今文作天非諶，辭其累我民。

予曷其不于前寧人

今文其作敢。

圖功攸終

音頭功有終。

天亦惟用勤毖我民

音用勤庇我民。今文無毖字。

若有疾

音na有疾。下文若音仿此。

予曷敢不于前寧人

攸受休畢

音有受休庇。今文畢作弼。

王曰。若昔朕其逝

音若昔朕其說。逝se，說seh。

朕言艱日思

三句今文無徵。

若考作室。既底法

音既底挖。法hoat，挖oat，應是誤聽。

厥子乃弗肯堂

今文肯作克。弗肯作堂。

矧肯構

音甚肯構。構，建也。

厥父菑

音厥父仔。鰻仔，鰻魚苗，樹仔，幼樹。

厥子乃弗肯播

弗肯播種。今文弗肯作不克。

矧肯穫

音甚肯穫。收割曰穫。

厥考翼。其肯曰

音厥考嗣。嗣，子也。

予有后。弗棄基

肆予曷敢不越

卬敉寧王大命

若兄考

乃有友伐厥子民

養其勸弗救

王曰。嗚呼。肆哉

爾庶邦君。越爾御事

爽邦由哲。亦惟十人

音予有後，弗祈祇。祇，說文云，地祇，提出萬物者也。台語地祇主，俗作地基主。四句今文無徵。

音是予曷敢不曰。

音共敉寧王大命。

音乃有有伐厥子民。

音擁其脊弗救。今文養作長。

音嗚呼，思哉。

音創邦惟哲。

迪知上帝命

越。天棐忱

爾時罔敢易法

矧今天降戾于周邦

惟大艱

人誕鄰胥

伐于厥室

爾亦不知天命不易

予永念曰。天惟喪殷

音得知上帝命。

音曰，天非參。

音爾時罔敢易伐。今文法作定。

今文戾亦作定。

音爲大艱。

音人但難恕。鄰lin，難lan。鱗粼聲从粦，皆音lan，故鄰亦是。

音伐伊厥室。

此句乃問辭。末尾乎字省去。

若穡
夫予曷敢不終朕畝
天亦惟休于前寧人
予曷其極卜
敢弗于從
率寧人有指疆土
矧今卜并吉
肆朕誕以爾東征
天命不僭
卜陳惟若茲

音予曷其繼卜。極kek，繼ke。繼，說文云，續也。
今文作害敢不卜從。
音戍寧人有執疆土。率sut，戍su。指ci，今文作旨。執cip。
卜翼十人於敉寧武圖功，仍吉，故云并。
天命無可商量。
卜說惟若此。

微子之命第十

此僞文之十九。

周書

武王既黜殷命
殺武庚
命微子啟代殷後
作微子之命
微子之命
王若曰。猷殷王元子
惟稽古崇德象賢
統承先王。修其禮物
作賓于王家
與國咸休。永世無窮
嗚呼。乃祖成湯
克齊聖廣淵

皇天眷佑。誕受厥命
撫民以寬。除其邪虐
功加于時。德垂後裔
爾惟踐修厥猷
舊有令聞
恪慎克孝。肅恭神人
予嘉乃德。曰篤不忘
上帝時歆
下民祇協
庸建爾于上公
尹茲東夏
欽哉
往敷乃訓。慎乃服命
率由典常。以蕃王室
弘乃烈祖。律乃有民
永綏厥位。毗予一人

音上帝是享。歆him，享hiong。熊him／hiong。

世世享德。萬邦作式

俾我有周無斁

嗚呼。往哉。惟休

無替朕命

音無退朕命。本篇言之無物，當以原卷散佚，無米可炊故。失其據，仍造此空文，爲充五十八之數也。自宋以下，梅賾書人稱僞作，即疑其易解，而今文經反難明，顯非古章句。本篇正一例焉。易讀歟，難通歟，詰屈聱牙之有無而已。今文古文，其句法相異，豈有是哉。

唐叔得禾。異畝同穎

穎，台語芒也。稻穎有辭。

獻諸天子。王命唐叔

歸周公于東。作歸禾

此篇亡。

周公既得命禾

旅天子之命。作嘉禾

亦亡。

康誥第十一

周書

成王既伐管叔蔡叔
以殷餘民封康叔
作康誥。酒誥。梓材

康誥
惟三月。哉生魄

音才生白。魄phek，白peh。魄，說文云，月始生，霸然也。霸pa
音白pah。據許慎說，爲大月二日，小月三日。梅賾書注曰，十六
日，誤也。今文經魄即作霸。

周公初基

四字今文無徵。

作新大邑于東國洛

今文無大字。

四方民大和會

侯甸男邦采衛

百工播民

和見士于周

周公咸勤

乃洪大誥治

王若曰

孟侯

朕其弟。小子封

音大咸會。

今文男邦作任國。

音咸見事於周。二句今文無徵。

音乃洪讀告知。二句今文無徵。大ta，讀thak。

成王如是說。

音命侯，冊命爲侯也。

朕，周公也。封，衛侯名，冊書例稱名，未有書字者。朕其弟小子，非誥文，乃周公語。成王未臨會，周公宣王旨，悌愛之語附

惟乃丕顯考文王

克明德慎罰

不敢侮鰥寡

庸庸祇祇。威威顯民

用肇造我區夏

越我一二邦

以修我西土

惟時怙冒聞于上帝

帝休

天乃大命文王

之。魯衛兄弟之邦，果良有以也。

丕，大也。

今文無徵。

音畏畏鄉民。二句今文作祇祇畏畏顯民。顯**hiann**，鄉**hiang**，不互音。疑有向字居中，轉聲所致。向**hiang**／**hiann**。

音惟是恪，懋聞於上帝。自用肇造至惟時怙，今文無徵。怙hoo，恪**khook**，說文云，敬也。

殪戎殷。誕受厥命

音殪娀殷。玄鳥墜卵，有娀氏女曰簡狄，吞而生契，殷人祖也。絨从戎聲。誕受厥命，今文無徵。

越厥邦厥民

及其邦其民。

惟時敘

音爲是嗣。二句今文無徵。

乃寡兄勖肆汝小子封

音乃寡兄偶賜汝小子封。勖hiook，偶ngoo 。隩hiook／oo 字介入，oo、goo互音。偶或又作吾goo／ngoo。寡兄勖四字，亦周公語，非誥文。

在茲東土

音宰此東土。二句今文無徵。成王未脫孺子，政事不能決。封康叔於衛，實出周公意。

王曰

嗚呼。封。汝念哉

八字今文無徵。

今民將在祗遹乃文考
紹聞衣德言
往敷求于殷先哲王
用保乂民
汝丕遠惟商耇成人
宅心知訓
別求聞
由古先哲王
用康保民
弘于天

音今民將再試禦乃文考。祗ci，試chi。遹ut，禦gu。
音昭問以得言。二句今文無徵。
音汝否遠違商耇成人。
音愓心知訓。宅theh，愓thek。
音飽求聞。別pat，飽pa。
三句今文無徵。

若德裕

乃身不廢在王命

王曰。嗚呼。小子封

恫瘝乃身。敬哉

天畏棐忱

民情大可見

小人難保

往盡乃心

無康好逸豫

乃其乂民

我聞曰

若，汝也。

即不辱王命。三句今文無徵。

音當涓乃身。涓者，有所不爲也。今文瘝作矜。

音天威非參。今文作天威非諶。

貴族以下之人。二句今文無徵。

即前文恫瘝乃身。今文無豫字。

怨不在大。亦不在小

惠不惠。懋不懋

六字今文無徵。

已。汝惟小子

乃服惟弘王

服，政也。

應保殷民

音用保殷民。

亦惟助王宅天命

七字今文無徵

作新民

王曰。嗚呼。封

敬明乃罰

人有小罪

非眚。乃惟終

音乃惟障。有小罪，非不知，乃蓄意犯。眚終，二字見舜典。今文作匪省。

自作不典。式爾
有厥罪小
乃不可不殺
乃有大罪
非終。乃惟眚災
適爾
既道極厥辜
時乃不可殺
王曰。嗚呼。封
有敘。時乃大明服

式，說文曰，法也，即法辦。今文作戒爾。

音非障，非故意也。乃不知而致災。二句今文作匪終，乃惟省哉。

音釋爾。赦之也。

音既多革厥辜。即大悔改。今文辜作罪。

音是乃不可殺。今文時乃作時亦。

音有恕，是乃大民服。二句今文無徵。自人有小罪至此，全發揚舜典之眚災肆赦，怙終賊刑，欽哉欽哉，惟刑之恤哉章一段。

惟民其勑懋和

音爲民其惕懋科／苛。和ho，科kho。科刑有辭。今文無徵。下二句惟仿本句。

若有疾
惟民其畢棄咎

如既病，畢棄其罪。二句今文無徵。

若保赤子
惟民其康乂

音爲民其空獄。乂goe，獄giook。玉gek／giook字介入故也。如有赤子待保，空其獄刑。

非汝封刑人殺人
無或刑人殺人

音無獲刑人殺人。二句今文無徵。

非汝封又曰。劓刵人
無或劓刵人

音無獲劓刵人。此五句云，並非汝封命刑殺人，即不能刑殺人。如何能，說在以下。

王曰。外事

汝陳時臬司。師

茲殷罰有倫

又曰。要囚

服念五六日

至于旬。時丕蔽要囚

王曰。汝陳時臬事

罰蔽殷彝

用其義刑義殺

涉外國人事。

音汝擲之臬士，速。時si，之ci。

六字今文無徵。

音獄囚。要io／iau，獄giook。說在皋陶謨。

音始批辟獄囚。自又曰至蔽要囚，今文無徵。

音汝擲之臬士。

音罰比殷彝。比照有辭。

勿庸以次汝封

乃汝盡遜曰。時敘

惟曰。未有遜事

已。汝惟小子

未其有若汝封之心

朕心朕德惟乃知

凡民自得罪

寇。攘。姦。宄

殺越人于貨。

勿使殷法次於汝。

音實需。

惟說未有謙遜。

言不中聽。

我用心苦，汝當知。

音揸斡人以貨。揸sa，抓也，警察揸去，即此字。殺sat。越oat。斡oa，拐也，彎也。即抓拐人以售。

暋不畏死

音敏不畏死。

罔弗憝

音罔弗棰。棰，古杖刑名。三字今文作凡民罔弗憝。

王曰。封

元惡大憝

音元惡大懟。

矧惟不孝不友

六字今文無徵。

子弗祗服厥父事

大傷厥考心

二句今文無徵。

于父不能字厥子

音於父不能子厥子。

乃疾厥子

使子有疾。二句今文無徵。

于弟弗念天顯

音於弟弗念悌兄。天thi，悌te。二音俱出甘氏。悌從弟聲，甘氏弟爲te／ti。故悌亦音ti。

乃弗克恭厥兄

二句今文無徵。

兄亦不念鞠子哀

音兄亦不念匊子愛。鞠kiook，匊kiuh。匊，掬俱另音kiuh，故鞠亦然。匊，說文云，聚也。台語有辭曰短匊匊，短小之義。

大不友于弟

二句今文無徵。

惟弔茲

音惟刁之。

不于我政人得罪

不觸法。二句今文無徵。

天惟與我

音天惟諭我。

民彝大泯亂。曰

乃其速由文王作罰

刑茲無赦

不率大戛

矧惟外庶子訓人

惟厥正人

越小臣諸節

乃別播敷。造民大譽

弗念弗庸瘝厥君

三句今文無徵。

乃其速由四字，今文無徵。

音不師大臬。戛kiat，臬giat。率sut，師su。

二句今文無徵。

音惟缺正人。厥koat，缺khoat。

二句今文無徵。

作異言，搏大譽。

音弗念弗用勸厥君。瘝koan，勸khoan。勸即勤。

時乃引惡。惟朕憝

已

汝乃其速由茲義率殺

亦惟君惟長

不能厥家人

越厥小臣外正

惟威惟虐。大放王命

乃非德用乂

汝亦罔不克敬典

音是乃隱惡，惟籐棰。自民大譬至惟朕憝，今文無徵。

音速殺。率sut，速su。

音不能官家人。厥koat，官koa。官音从甘氏。官者，管也。

前章云外庶子訓人等，於政有所不行。此章言又有君長家人之類，窮極王命。對文也。

屬無德於治。五句今文無徵。

必辟之。

乃由裕民

音乃有與民。與，贊同也。二句今文無徵。

惟文王之敬忌乃裕民

敬忌音警己。

曰

我惟有及

有及，有與民也。

則予一人以懌

我始得喜樂。自乃裕民至以懌，今文無徵。

王曰。封

爽惟民迪吉康

音算爲民迪吉康。迪，說文云，道也。三句今文無徵。

我時其惟殷先哲王德

用康乂民作求

求殷先王之道以乂民。二句今文無徵。

矧今民罔迪。不適

不迪則罔政在厥邦

王曰。封

予惟不可不監告汝

德之說于罰之行

今惟民不靜

未戾厥心

迪屢未同

爽惟天其罰殛我

我其不怨

惟厥罪無在大

亦無在多

三句今文無徵。

音德之施與罰之行。說**soat**，施**soa**。四句今文無徵。

音未勒厥心。

音迪律未同。三句今文無徵。屢**lu**，律**lut**。

音算惟天其罰殛我。

二句今文無徵。

矧曰。其尚顯聞于天

音其尚欠聞於天。顯**hian**，欠**khiam**，四句今文無徵。

王曰。嗚呼
封。敬哉。無作怨
勿用非謀非彝

六字今文無徵。

蔽時忱丕。則敏德

音辟施賑備。蔽**pe**，辟**pek**。忱**sim**，賑**cin**。丕**phi**，備**pi**。二句今文無徵。

用康乃心。顧乃德
遠乃猷

三句今文無徵。

裕乃以民寧。不汝瑕殄

音汝乃以民寧。二句今文無徵。

王曰
嗚呼。肆汝小子封
惟命不于常

汝念哉。無我殄享

明乃服命。高乃聽

用康乂民

王若曰。往哉。封

勿替敬典。聽朕告汝

乃以殷民世享

無殄我享倒裝。

音勿退敬典。

汝念哉至世享，今文無徵。

酒誥第十二

周書

酒誥

王若曰

明大命于妹邦

二句，今文作成王若曰四字。妹邦，正義云，此妹與沫一也，故沫爲地名，紂所都朝歌以北。

乃穆考文王

肇國在西土

二句今文無徵，其無，或實原貌。二句與上下文，俱不連焉。

厥誥毖庶邦庶士

音厥誥彼庶邦庶士。今文毖作秘。

越少正御事

朝夕曰。祀茲酒

音茲止酒。祀su，茲cu／cir，止ci。

惟天降命
肇我民。惟元祀
天降威
我民用大亂喪德
亦罔非酒惟行
越小大邦用喪
亦罔非酒惟辜
文王誥教小子
有正有事。無彝酒

朝夕宣曰，今止酒。

音爲遠秫。元goan，遠oan。祀su，秫sut。廖氏云，秫，中國北方稱高梁，台灣謂糯米。遠離秫酒。三句今文無徵。

天之興我也，以去酒。其之滅我也，亦必以酒。三句今文無徵。

餘小大邦有亡，亦無非在酒。二句今文無徵。

彝，說文云，與爵相似。彝酒即飲酒。有正有事，即有政事者。三句今文無徵。

越。庶國飲。惟祀

德將無醉

惟曰。我民迪小子

惟土物愛。厥心臧

聰聽祖考之彝訓

越小大德

小子惟一妹土

嗣爾股肱

純其藝黍稷

越音曰。舉國飲酒，惟祭祀時。三句今文無徵。

音得將無罪。醉cui，罪coe。然罪聲从非hui，故罪另有cui聲。或卒亦音coe，如晬coe／cui。晬者，嬰兒周歲也。

音厥心壯。甚愛酒也。四句今文無徵。

音曰小大地。德tek，地te。地大歟，地小歟。

音恕爾股肱。

音醇其藝黍稷。藝，種也。

奔走事厥考厥長
肇牽車牛
遠服賈用
孝養厥父母
厥父母慶
自洗腆致用酒
庶士有正
越庶伯君子
其爾典聽朕教
爾大克羞耇惟君

四句今文無徵。
五字，今文作欽厥父母。
音自洗澱致用酒。台語謂藥酒爲藥洗。二句今文無徵。
有無官位者。
三句今文無徵。
音爾大克饈酤惟君。君，長也。

爾乃飲食醉飽
丕惟曰。爾克永觀省
作稽中德
爾尚克羞饋祀
爾乃自介用逸
茲乃允惟王正事之臣
茲亦惟天若元德
永不忘在王家
王曰。封

二句今文無徵。
音鄙惟曰，爾克用還醒。觀koan，還hoan。
音作憩中德。
音爾尚克饈饋祀。
音爾乃自戒用逸。五句今文無徵。
允准有辭。
音茲亦惟惦若元德。天tian，惦tiam。惦記有辭。
三句今文無徵。

我西土棐徂邦君
御事小子
尚克用文王教
不腆于酒
故我至于今
克受殷之命
王曰封。我聞惟曰
在昔殷先哲王
迪畏天顯小民
經德秉哲

音我西土非徂邦君。

不厚於酒。六句今文無徵。

二句今文無徵。

音迪畏丁兄小民。
天thinn，鄭tinn／teng，丁teng。

四字今文無徵。

自成湯咸至于帝乙

成王畏相

惟御事

厥棐有恭

不敢自暇自逸

矧曰。其敢崇飲

越在外服

侯甸男衛邦伯

越在內服

百僚庶尹

惟亞惟服宗工

今文無咸字。

音聖王偉相。

音厥非有功。

六句今文無徵。

四字今文無徵。

今文作侯甸任衛作國伯。

越百姓里居
罔敢湎于酒
不惟不敢。亦不暇
惟助成王德顯
越。尹人祇辟

我聞亦惟曰
在今後嗣王酣身
厥命罔顯于民
祇保越怨。不易
誕惟厥縱淫泆于非彝
用燕喪威儀

音惟助聖王德顯。

越音曰。祇辟，敬法也。十句今文無徵。尹人即百僚至百姓里君諸人。

音酣仙。台語有辭曰，燒酒仙，講古仙等。二句今文無徵。

音知保越怨。召誥篇有，夫知保抱攜厥父子之句。三句今文無徵。

用堙喪威儀。

民罔不衋傷心

衋，甘氏廖氏俱未輯此字。三句今文無徵。

惟荒腆于酒
不惟自息乃逸

音不惟自適乃逸。

厥心疾很。不克畏死

音厥心疾狠。四句今文無徵。

辜在商邑
越殷國滅無罹

音無貳。六字今文無徵。

弗惟德馨香祀
登聞于天。誕惟民怨
庶群自酒。腥聞在上

音庶群咠酒。廖氏曰，咠，小口吸吮義。五句今文無徵。

故天降喪于殷
罔愛于殷。惟逸

音惟易。三句今文無徵。

天非虐
惟民自速辜

二句今文無徵。

王曰。封
予不惟若茲多誥
古人有言曰
人無於水監
當於民監

六句今文無徵。

今惟殷墜厥命
我其可不大監撫于時

音我豈可不大鑑覆於是。撫hu，覆hook。幠膴俱音hoo，則撫原有hoo聲亦明矣。二句今文無徵。

予惟曰
汝劼毖殷獻臣

音汝竭毖殷獻臣。今文獻作儀。

侯甸男衛
矧太史友內史友
越獻臣百宗工
矧惟爾事服休服采
矧惟若疇圻父
薄違農父
若保宏父
定辟
矧汝剛制于酒
厥或誥曰
群飲汝勿佚
盡執拘以歸于周
予其殺

今文男作任。

音酲癖。酲，說文云，病酒也。

節制有辭。八句今文無徵。

今文作無失。以下今文無徵。

又惟殷之迪諸臣惟工非前云之群飲者。
乃湎于酒。勿庸殺之
姑惟教之
有斯明享音有使明曉。
乃不用我教辭如不受教。
惟我一人弗恤音弗恕。恤sut，恕su。
弗蠲乃事。時同于殺音弗關乃事，是同於殺。
王曰。封
汝典聽朕毖音汝典聽朕辟。
勿辯乃司民湎于酒音勿便乃司民湎於酒。

梓材第十三

周書

王曰。封

以厥庶民。暨厥臣

達大家

以厥臣達王。惟邦君

汝若恆越。曰

我有師師。司徒。

司馬。司空。尹旅

曰。予罔厲殺人

王曰至歷人宥，今文無徵。

家，段玉裁云，引申之天子諸侯曰國，大夫曰家。

諸侯對王自稱臣。

音汝na恆話，曰。

音我有士師，審獄官也。

亦厥君先敬勞
肆徂厥敬勞
肆往姦宄。殺人
歷人宥
肆亦見厥君
事戕敗人宥
王啟監。厥亂為民
曰。無胥戕。無胥虐

音亦厥君先儆劉。警剔殺人。

音士徂厥儆劉。

音士用姦求，殺人。宄kui，求kiu。宄既从九聲，當亦音九kiu。

音厲人囿。

音士亦見厥君。五字今文無徵。

今文作疆人有。事字今文無徵。

音割亂爲民。厥koat，割koat。今文作，王開賢厥率化民。

音無士戕，無士虐。七字今文無徵。

至于敬寡。至于屬婦

音至於淑婦。

合由以容

音合有以養。此合字今俗作閤，閤第有辭。四字今文無徵。

王其效邦君。越御事

音王其校邦君。跨越有辭。王其效至庶邦丕享，今文無徵。

厥命曷以引養引恬

音厥命加以恩養恩典。曷khah，加ka。恬thiam，典tian。

自古王若茲監

罔攸辟

音罔有敝。

惟曰。若稽田。

既勤敷菑

音既勤播仔。敷phoo，播poo。仔，幼苗也。

惟其陳修。為厥疆畎

音爲其田修。陳tan，田chan。田氏簒齊，其本陳姓。改稱田，異

若作室家。既勤垣墉
惟其塗塈茨
若作梓材。既勤樸斲
惟其塗丹雘
今王惟曰
先王既勤用明德
懷為夾
庶邦享作。兄弟方來
亦既用明德

地而發，不忘本也。廖氏之chan，實英語之tsan。T、ts，於英語互通，在台語亦然。

惟音爲，同前。

音既勤剖斲。樸phook，剖phoo。

音爲其塗丹盞。盞，古語鍍也。如盞金。

音懷爲臬。夾kiap，臬giat。

音庶邦享胙。

后式典集。庶邦丕享

音后式典籍。

皇天既付中國

今文付作附。

民越厥疆土

越，及也。越厥疆土四字無徵。

于先王肆

音與先王嗣。

王惟德用

和懌先後迷民

音和乂先後微民。懌ek，乂goe。

用懌先王受命

音永繹先王受命。絡繹不絕有辭。四句今文無徵。

已若茲監

四字今文作熙一字。

惟曰

欲至于萬年
惟王子子孫孫永保民

召誥第十四

周書

成王在酆
欲宅洛邑
使召公先相宅
作召誥

召誥

惟二月既望
越六日乙未
王朝步自周
則至于豐
惟太保先周公相宅
越若來三月

周曆二月，夏曆十二月也。既望，十五日。

梅賾書註云，以遷都之事告文王廟。

惟丙午朏
越三日戊申
太保朝至于洛。卜宅
厥既得卜。則經營
越三日庚戌
太保乃以庶殷
攻位于洛汭
越五日甲寅。位成
若翼日乙卯
周公朝至于洛
則達觀于新邑營
越三日丁巳
用牲于郊。牛二

初三，月始生白。

三句今文無徵。

五句今文無徵。

二句今文無徵。

越翼日戊午
乃社于新邑
牛一羊一豕一
越七日甲子
周公乃朝用書

作本誥也。

命庶殷侯甸男邦伯

今文男邦作任國。

厥既命殷庶
庶殷丕作

音庶殷丕造。造訪有辭。

太保乃以庶邦冢君
出取幣。乃復入

三句今文無徵。

錫周公。曰
拜手稽首

音賜周公。曰，召公說也。錫周公至既墜厥命，今文無徵。

旅王若

音女王若，本書疑若下脫一日字。

公誥

周公讀誥。二字非誥文。

告庶殷越自乃御事

音越至乃御事。自cir，至ci。

嗚呼。皇天上帝

改厥元子

更立天之大子。

茲大國殷之命

音止大國殷之命。

惟王受命

無疆惟休

受庇蔭無所限。

亦無疆惟恤

亦憂救無所限。恤，說文云，憂也，收也，段玉裁曰，當作憂也，

嗚呼。曷其奈何勿敬

天既遐終大邦殷之命

茲殷多先哲王在天

越厥後王後民

茲服厥命

厥終。智藏瘝在

夫知保

抱攜持厥婦子

以哀籲天徂

厥亡出執

救也。

音曷其奈何無敬。勿but，無bu。

音天既下種大邦殷之命。

孟子公孫丑，由湯至於武丁，聖賢之君六七作。

音稚藏眷載。

音以哀籲天祚。

音絕望出疾。執ci，疾cit。厥撧同音koat。

嗚呼

天亦哀于四方民

其眷命用懋王

其疾敬德

相古先民有夏

天迪從子保

面稽天若

今時既墜厥命

今相有殷。天迪格保

面稽天若

今時既墜厥命

音其至敬德。天以至敬德命王。

音上／尚古先民有夏。

音天帝從之保。迪tek，帝te。

音明啓天若。若天明啓也。

音今尚有殷，天帝佫保。佫，台語再，重覆義。

音明啓天若。

今沖子嗣

則無遺壽耇。曰

今文作耇老。

其稽我古人之德

音其契我古人之德。本句至于民碞，今文無徵。此說德。

矧曰

其有能稽謀自天

其有能啓慕自天。

嗚呼。有王雖小

音予王雖小。

元子哉

其丕能諴于小民

音其否能嫌於小民。諴**ham**，嫌**hiam**。从咸聲之喊，另有音**hiam**，故諴亦然。

今休王不敢後

用顧畏于民碞

音用顧畏於民言。

王來紹上帝自服
于土中
旦曰。其作大邑
其自時配皇天
毖祀于上下
其自時中乂
王厥有成命治民
今休王先服殷御事

音王來紹上帝之服。服，命也。
於地上。
但曰。旦曰至不敬德，今文無徵。
音俾祀於上下。
中乂，正乂也。
有命使民建大邑。
音今休王善服殷御事。

比介于我有周御事

殷人周人同等。

節性惟日其邁

音績成惟日其邁。大邑完工之日，其遠哉。

王敬作所

作所，即作大邑。

不可不敬德

我不可不監于有夏

亦不可不監于有殷

我不敢知曰

本句至嗣若功，今文無徵。

有夏服天命

惟有歷年

我不敢知曰

不其延。惟不敬厥德

未建大邑，故天命不延。

乃早墜厥命

我不敢知曰
有殷受天命
惟有歷年
我不敢知曰。不其延
惟不敬厥德
乃早墜厥命
今王嗣受厥命

繼夏商受命。

我亦惟茲二國命

我亦爲此命。

嗣若功

繼承建大邑之功。

王乃初服

今文作今王初服厥命。

嗚呼。若生子

音**na**生子。今文作於戲，若生子。

罔不在厥初生

自貽哲命

今天其命哲

命吉凶。命歷年

知今我初服宅新邑

肆惟王其疾敬德

王其德之用

祈天永命

其惟王

勿以小民淫用非彝

音咨以哲命，卜筮其命也。四字今文無徵。

本句至有殷歷年，今文無徵。

左傳宣公三年，王孫滿云，成王定鼎於郟鄏，卜世三十，卜年七百。惟此刻雒邑未成，九鼎未遷，周公已曰天既命歷年。王孫滿，本誥，各有所求而發，本難一致。

音在今我初服在新邑。宅theh／tek，在cai／teh，知cai。

音是惟王其至敬德。

亦敢殄戮用乂民
若有功
其惟王。位在德元
小民乃惟刑用于天下
越王顯。上下勤恤
其曰。我受天命
丕若有夏歷年
式勿替有殷歷年
欲王以小民受天永命

勿使民過度。
音亦敢殄戮用逆民。乂goe，逆gek。
即若有功，惟王敬德。
小民循法用於天下。
音曰王顯。
音否若有夏歷年。
音是勿退有殷歷年。
今文無欲字。

拜手稽首

曰。予小臣

敢以王之讎民

百君子

越友民

保受王。威命明德

王未有成命。王亦顯

我非敢勤。惟恭奉幣

用供王能祈天永命

誥完辭。二句今文無徵。

周公曰。

音敢以王之柔民。

三句今文無徵。

今文作越有民。以下起今文無徵。

音畏命明德。

我非敢有所助王，我惟奉幣。

洛誥第十五

周書

召公既相宅
周公往營成周
使來告卜。作洛誥

洛誥

周公拜手稽首

曰。朕復子明辟

王如弗敢及天基

命定命

周公使告成王，拜手四字乃告辭首句，敬辭也。

復政於子也。梅賾書注云，成王年二十成人。

如弗敢至新邑。本句至河朔黎水，今文無徵。

命官命政。

予乃胤保

音予乃因卜。保po，卜poh。

大相東土其基

建東土新邑。

作民明辟

音作命明辟。命政也，即下文命各宗嫡子。以前三句云，王如不敢來命定命也。民bin，命beng，母音不同。惟民當另有beng聲，以岷即有bin／beng／bong三音故。錢穆古史地三苗疆域考篇，推定汶山，蒙山，猛山，岷山，實一山。从文聲之旻，玟，旼，皆音bin，可證文有此聲，同岷。民bin／bang，蒙bang／bong。艋beng／bang。猛beng，由bin至bang至beng，即汶山之所以又謂猛山也。猛音同岷beng，即民亦此聲，與命同音。文聲bin，民聲beng，固罕聞，然不得謂孤證。其乃百里之山，南北首尾各領眾多住民，別操一地之腔。謂之孤證，可乎。

予惟乙卯

朝至于洛師

音洛匙，河口三角洲也，形如飯匙。

或音洛舌cih，師si。

我卜河朔黎水

我乃卜澗水東

瀍水西。惟洛食

我又卜瀍水東

亦惟洛食

伻來以圖及獻卜

王拜手稽首。曰

公不敢不敬天之休

來相宅

其作周匹休

音我卜河徂列水。

梅賾書注云，卜必先墨畫龜，然後灼之，兆順，食墨。本書曰，音惟洛匙，惟洛匙吉。

音並來以圖及獻卜。七字今文作及獻卜三字。伻pheng，並peng。下文伻同。

成王答辭，首句亦拜手稽首。六字今文無徵。

音其作周丕休。匹phit，丕phi。五字今文無徵。

公既定宅

今文無徵。

伻來來視予

今文作辨來來示予。

卜休恆吉

音卜龜亨吉。

我二人共貞

我二人共政。五字今文無徵。周公開首即言，朕復子明辟。成王此答，謙遜中試探有焉。

公其以予萬億年

音公其與予萬義年。前句曰二人共貞。

敬天之休

二句今文無徵。

拜手稽首。誨言

梅賾書注云，求誨教之言。今文無徵。

周公曰。王肇稱殷禮

音王召請殷禮，今文作王肇修殷禮。周公復使告辭。

祀于新邑。咸秩無文

音憨智無問。秩tit，智ti。今文作祀新邑。

予齊百工
并從王于周
予惟曰。庶有事

音需有祀。七句說周公未至成周時事。

今王即命曰
記功
宗以功作元祀

音宗以功作元嗣。作嫡子也。七句今文無徵。

惟命曰。汝受命篤弼
丕視功載

大視功績。三句今文無徵。

乃汝其悉自教工

音乃汝其悉自校功。周公曰，於新邑需有祀，成王即以之授命周公，仍弗敢至新邑。今文作乃汝其悉自學功。

孺子其朋

孺子其朋。其往
無若火始焰焰
厥攸灼敘。弗其絕
厥若彝及撫事如予
惟以在周工
往新邑。伻嚮即有僚
明作有功

音孺子其拚。左傳弒君例於宮外行之，守禦弱也。故成王忌焉。其往，今文作慎其往。

音無若火始奄奄。奄，說文曰，欠也。焰焰，今文作炎炎。

音厥有灼緒，弗其茁。七字今文無徵。雖有火頭，未能烈也。

音厥若以議撫事如予。及kip，議gi。

音威儀在周工。以i，儀gi。

音並享至有勞。即cit，至ci。僚liau，勞lo。从尞聲之潦，並有lo音，瞭撩則有lio。既有例曰，ong通iong，則o、io，不亦通乎。潦之lo實即瞭撩之lio。

明賞有功者，即上句嚮即有僚。

惇大成裕

汝永有辭

音汝永有嗣。永有王位可傳子也。王來新邑收其功，始能如此。左傳成二年云，「唯器與名，不可以假人，君之所司也」。王命周公悉自教工，是器與名，假周公也。七句今文無徵。

公曰。已

汝惟冲子惟終

音汝惟冲子爲長。三句今文無徵。

汝其敬識百辟

識百侯伯子男。

享。亦識其有不享

三句今文無徵。

享多儀。儀不及物

禮過，禮不及。本句至無遠用戾，今文無徵。

惟曰不享

惟不役志于享

凡民惟曰不享

惟事其爽侮

乃惟孺子頒

朕不暇聽

朕教汝

于棐民彝

汝乃是不蘉

乃時惟不永哉

五句今文無徵。

音惟視其爽霧。霧，濛也。爽，晴朗也。

音乃惟孺子便。

音予非民意。己心未必即民意。

此爲前文凡民惟曰不享，惟事其爽侮之總結。

音汝乃是不審。蘉，廖氏未收，甘氏音bong，同蒙聲，作勉解。其蓋从梅賾書註，不可遽信。今以形聲求之，以侵chim表聲，互音深chim／sim，審sim。瞢表義，說文云，目不明也。

篤敘乃正父

音篤嗣乃正父。

罔不若予

不敢廢乃命

汝往敬哉

往新邑。

茲予其明農哉

音茲予其勔農哉。勔即勉。面音免也。

彼裕我民。無遠用戾

音無遠用勵。

王若曰

公明保予冲子

公稱丕顯德

以予小子

四句今文無徵。

揚文武烈

今文作揚文武之德烈。

奉答天命。和恆四方

音和刑四方。

民居師惇。宗將禮

音宗從禮。四句今文作奉對天命，和恆萬邦四方民，後六字無徵。

稱秩元祀。咸秩無文

音薦置元祀，憨智無問。元祀，大子也。本句至文武受民，今文無徵。

惟公德明。光于上下

勤施于四方

旁作穆穆

迓衡不靡。文武勤教

音逆横不迷。迓ga，逆gek。迓聲从牙，其另有ge音。二句今文無徵。

予沖子夙夜毖祀

音予沖子夙夜必思。

王曰

公功棐迪篤

罔不若時
王曰。公
予小子其退
即辟于周。命公後
四方迪亂未定
于宗禮。亦未克敉公
功迪將其後
監我士師工
誕保文武受民
亂為四輔
王曰
公定。予往已

公功非得度。

立周公後，使不絕祀也。周公既白將明農，成王安矣。

敉，說文曰，撫也。

音公迪從其後。

音籠爲四輔。亂**lan**，籠**lam**。下文亂爲四方新辟之亂仿此。

公功肅將祗歡

公無困哉

我惟無斁其康事

公勿替刑

四方其世享

周公拜手稽首

曰。王命予來

承保乃文祖受命民

越乃光烈考武王

予將至新邑。

公功倏將誌還。四句今文無徵。

今文作公無困我。

我不厭於此好事。

音公勿退行。上文云，監我士師工。

三句今文無徵。

本句至與懷德，今文無徵。

弘朕恭

孺子來相宅

其大惇典殷獻民

亂為四方新辟

作周恭先

曰。其自時中乂

萬邦咸休

惟王有成績

予旦以多子。越御事

篤前人成烈

音弘前功。朕tim，前ceng。乃以徵ceng／tin轉音所致。

來新邑。

音其大敦典殷獻民。

音寵爲四方新辟。

音作周共臣。

音踏前人成烈。篤tauh。沓tauh，tap。踏tap。原誦踏，轉沓，再至其別音tauh，終止於篤。

荅其師。作周孚

先考朕昭子刑

乃單文祖

德伻來毖殷

乃命寧

予以秬鬯二卣

曰明禋

拜手稽首。休享

予不敢宿

則禋于文王武王

音搭其緒，作周輔。頭緒有辭。

音先考徵兆子行。昭**ciau**，音从召**tiau**，故有**tiau**聲，即兆。王至新邑，先祖有兆焉。

音乃先文祖。

音得並來庇胤。

音乃民寧。

音即禋於文王武王。

惠篤敘。無有遘自疾

萬年猒于乃德

殷乃引考

王伻殷。乃承敘萬年

其永觀朕子懷德

戊辰。王在新邑

烝祭歲

文王騂牛一

武王騂牛一

音惠兜豎。兜tau，台語家也。兜豎，家中未冠者。

猒，說文曰，飽也。

音因乃胤考。

音王憑胤。

（洛誥篇正文完）

自戊辰以下，梅賾注云，史所終述。

王命作冊

逸祝冊

惟告周公其後

王賓。殺禋。咸格

王入太室祼

王命周公後

作冊逸誥

在十有二月

惟周公誕保文武受命

惟七年

音以祝冊。本句至作冊逸誥，今文無徵。

音王賓歃姻咸格。殺sat，歃sap。格，至也。

祼，說文云，灌祭也。

音作冊以告。

音惟周公旦。

攝政七年。

多士第十六

周書

成周既成

遷殷頑民

周公以王命誥

作多士

多士

惟三月

周公初于新邑洛

用告商王士

王若曰

爾殷遺多士。弗吊

旻天大降喪于殷

本句至惟天明畏，今文無徵。

正義作旻天，從之。旻天音明天。

我有周佑命

將天明威

致王罰

勑殷命終于帝

肆爾多士

非我小國

敢弋殷命

惟天不畀允

罔固亂弼我

我其敢求位

音我有周有命。

音從天明威。

音替殷命從於帝。勑thek，替the。

音敢易殷命。

音惟天不畀殷。

音望固亂必我。

音我豈敢求位。其ki，豈khi。

惟帝不畀

惟我下民秉為

惟天明畏

我聞曰。上帝引逸

有夏不適逸

則惟帝降格

嚮于時

夏弗克庸帝

大淫泆有辭

惟時天罔念聞

厥惟廢元命。降致罰

音惟我下民秉畏。

音畏天明威。

音上帝允義。逸it，義gi。允許有辭。

音有夏不適義。

音則惟帝降殛。二句今文無徵。

音向有時。本句至甸四方，今文無徵。

乃命爾先祖成湯革夏

革音殛。

俊民甸四方

音存民奠四方。

自成湯至于帝乙

罔不明德恤祀

亦惟天丕建

音亦惟天丕見。

保乂有殷

殷王亦罔敢失帝

音殷王亦罔敢失德。帝te，德tek。

罔不配天其澤

音罔不配天其德。澤，說文無此字。德澤有辭，然或因兩字同聲故，此外澤與德無涉。四句今文作帝罔不配天其澤七字。

在今後嗣王

誕罔顯于天

矧曰

其有聽念于先王勤家
誕淫厥泆
罔顧于天顯民祇

三句今文無徵。天有聽念殷先王。
音罔顧於天嫌民疾。顯hian，嫌hiam。祇ci，疾cit。

惟時上帝不保
降若茲大喪
惟天不畀不明厥德

三句今文無徵。

凡四方小大邦喪

喪song音宗cong。

罔非有辭于罰
王若曰。爾殷多士
今惟我周王
丕寧承帝事
有命曰割殷

音丕能承帝事。四句今文無徵。

告勑于帝
惟我事
不貳適
惟爾王家我適
予其曰。惟爾洪無度
我不爾動。自乃邑
予亦念天
即于殷大戾。肆不正
王曰。猷告爾多士
予惟時其遷居西爾

以服事夏商之事。
五句今文無徵。
音惟爾荒無度。
音自乃逸。邑ip，逸it。四句今文無徵。
音使不政。三句今文無徵。
音有告爾多士。
三句今文無徵。

非我一人奉德不康寧

今文無徵。

時惟天命無違

六字今文作惟天命元四字。

朕不敢有後
無我怨

三字今文無徵。

惟爾知惟殷先人
有冊有典

二句今文無徵。

殷革夏命
今爾又曰
夏迪簡在王廷

音夏得官在王廷。簡**kan**。干**kan**／**koann**。官**koann**。

有服在百僚

四句今文無徵。

予一人惟聽用德

今文無徵。

肆予敢求爾于天邑商
予惟率肆矜爾

音予惟師襲官爾。率sut，師su。肆si，襲sip。今文作予惟率夷憐爾。

非予罪。時惟天命
王曰。多士
昔朕來自奄
予大降爾四國民命

二句今文無徵。

我乃明致天罰
移爾遐逖

遐逖，俱爲遠義。

比事臣我宗。多遜

音多順。四句今文無徵。

王曰。告爾殷多士
今予惟不爾殺
予惟時命有申
今朕作大邑于茲洛
予惟四方罔攸賓
亦惟爾多士
攸服奔走
臣我多遜
爾乃尚有爾土
爾乃尚寧幹止

四句今文無徵。

音予惟四方望有賓。

音有服奔走。

音臣我多順。

音爾乃尚能官之。幹**kan**，其聲從干。干，官，台音見上。二句今文無徵。

爾克敬。天惟畀矜爾

音天惟庇眷爾。

爾不克敬

爾不啻不有爾土

予亦致天之罰于爾躬

五句今文無徵。

今爾惟時宅爾邑

繼爾居

二句今文無徵。

爾厥有幹有年

音爾厥有官有年。

爾小子乃興從爾遷

于茲洛

王曰

又曰。時予乃或言

爾攸居

音爾有居。又曰三句今文無徵。

無逸第十七

周書

周公作無逸

無逸

周公曰。嗚呼

今文作周公曰，於戲。

君子所其無逸

音君子索其無逸。所soo。索求有辭。今文作君子所其毋佚。

先知稼穡之艱難

乃逸

則知小人之依

六字今文無徵。

相小人

音嘗小人。嘗，曾也。

厥父母勤勞稼穡

厥子乃不知
稼穡之艱難
乃逸。乃諺

音乃逸乃猒。諺gian，猒iam。猒，飽也。今文作乃劮乃憲。

既誕否

音既袒腹。誕tan，袒than。否hoo，腹hook。今文作既延丕。

則侮厥父母
曰。昔之人無聞知
周公曰
嗚呼。我聞曰
昔在殷王中宗
嚴恭寅畏天命

音嚴恭殷畏天命。殷實有辭。

自度治民祗懼

今文作自度以民震懼

不敢荒寧

肆中宗之享國
七十有五年
其在高宗
時舊勞于外
爰暨小人

肆音是。

音原既小人。今文作爲暨小人。爰oan，原goan。g開頭之音，通無g者，已說在前，此句爰字復可爲證。从其聲之援緩，另音hoan，hoan不與goan互音乎。故oan本通goan。本篇以下仿此。

作其即位。乃或亮陰

音乃或諒陰。今文作乃有諒闇。陰暗有辭。

三年不言
其惟不言

四字今文無徵。

言乃雍
不敢荒寧

音言乃用。今文作言乃讙。

嘉靖殷邦

今文作密靜殷國。

至于小大。無時或怨

肆高宗之享國

五十有九年

今文作五十五年，一作百年。

其在祖甲

今文作昔在殷王太宗。

不義惟王

音不意爲王。義gi，意i。

舊為小人

作其即位

四字今文無徵。

爰知小人之依

今文作于外知小人之依。

能保惠于庶民

今文作能施小民。

不敢侮鰥寡

肆祖甲之享國

三十有三年

自時厥後立王

今文無立王二字。

生則逸

今文無徵。

生則逸

今文無徵。

不知稼穡之艱難

不聞小人之勞

惟耽樂之從

自時厥後

亦罔或克壽

二句今文作時亦罔有克壽。

或十年。或七八年

或五六年

三句今文無徵。

或四三年

周公曰。嗚呼

厥亦惟我周太王王季

古公亶父，王季。

克自抑畏

四句今文無徵。

文王卑服

四字今文無徵。

即康功田功

音即工功田功。

徽柔懿恭。懷保小民

惠鮮鰥寡

音惠善鰥寡。

自朝至于日中昃

不遑暇食

用咸和萬民

文王不敢盤于遊田

以庶邦惟正之供

文王受命惟中身

厥享國五十年

周公曰。嗚呼

音不縫暇食。遑，說文云，疾也。按字義解，則爲不疾暇食，突兀上下文矣。二句今文作至於日中昃，不暇食。縫者，旁也，又布旁也。二布接其旁，而針線之，即縫也。布邊或寬或窄，寬者可退，窄者無讓之餘幅。

故不縫，即無布旁，乃緊迫之義。不遑聲同不縫，假借焉，惟原義遂失。蓬pong，故縫音pong／pang／hong，同旁pong聲。因布旁之用，遂得縫之音。

今文無徵。

音爲政之工。七字今文作維正之共。

梅賾書註云，中身即位，時年四十七。

繼自今嗣王
則其無淫于觀
于逸。于游。于田
以萬民惟正之供
無皇曰。今日耽樂
乃非民攸訓
非天攸若
時人丕則有愆
無若殷王受之迷亂
酗于酒德哉
周公曰

音則其無淫於眘。今文作其毋淫於酒。

今文作毋逸於遊田。

以萬民三字，今文無徵。

音無縫曰。今文作毋兄曰。

二句本書疑爲乃惟民有訓，惟天有若之訛。

音時人否則有言。愆**ian**，言**gian**。三句今文無徵。

嗚呼。我聞曰

古之人猶胥訓告

胥保惠。胥教誨

民無或胥譸張為幻

此厥不聽。人乃訓之

乃變亂先王之正刑

至于小大

民否則厥心違怨

否則厥口詛祝

周公曰。嗚呼

音師訓告。下文胥音同。

周公曰六句，今文無徵。

音民無或肆咒忠爲反。即誣陷忠良義。八字今文作無或侜張爲幻。

音人乃釁之。今文作此厥不聖人乃訓。

今文作變亂正刑。

音否則厥口詛咒。祝ciook，咒ciu。前已云台語u聲多有另音o者。二句今文無徵。

自殷王中宗。及高宗
及祖甲。及我周文王
茲四人迪哲

厥或告之曰
小人怨汝詈汝
則皇自敬德厥愆
曰。朕之愆
允若時
不啻不敢含怒
此厥不聽
人乃或譸張為幻
曰。小人怨汝詈汝

周公曰七句，今文無徵。

音則慌自敬德割愆。厥koat，割koah。皇自今文作況曰。

音殷若是。殷實有辭。

六字今文無徵。

音此厥不聽。

則信之

則若時不永念厥辟

不寬綽厥心

亂罰無罪

殺無辜。怨有同

是叢于厥身

周公曰

嗚呼。嗣王

其監于茲

四句今文無徵。

六句今文無徵。

君奭第十八

周書

召公為保。周公為師

相成王為左右

召公不說

音召公不悅。

周公作君奭

君奭

周公若曰

君奭。弗弔

天降喪于殷

三句今文無徵。

殷既墜厥命

我有周既受

我不敢知曰

厥基永孚于休

若天棐忱

我亦不敢知曰

其終出于不祥

嗚呼

君已曰。時我

我亦不敢寧于上帝命

弗永遠念天威

越我民罔尤違

音厥基永附於休。永依於祖蔭也。五句今文無徵。

音na天非參。

二句今文無徵。

音其終徂於不祥。出chut，徂coo。鉏疽菹蛆等俱音chu，故徂另有此聲。今文作其道出于不祥。

音視我。今之口語曰，你看周公他。

不敢安於上帝命。今文無徵。

音越我民罔有違。二句今文無徵。

惟人在我後嗣子孫
大弗克恭上下
遏佚前人光
在家不知天命不易
天難諶
乃其墜命
弗克經歷
嗣前人恭明德
在今予小子旦

音惟懍在我後嗣子孫。懍，懼也。惟人在三字，今文無徵。

今文作大弗克共上下。

音辛家不知天命不易。

音天難參。

乃至其墜命。今文作在家不知命不易天應棐諶乃亡隊命。

音嗣前人光明德。即弗克繼前人之光。二句今文無徵。在家五句指周後嗣子孫。

非克有正迪
惟前人光
施于我冲子
又曰。天不可信
我道惟寧王德延
天不庸釋于文王受命
公曰。君奭
我聞在昔
成湯既受命
時則有若伊尹
格于皇天

音非克有正德。
四句今文無徵。
音又曰天不可參。信sin，參sim。
音我禱惟寧王德延。寧王，文王也。
天不廢文王之受命。四句今文無徵。
四句今文無徵。

在太甲
時則有若保衡

在太戊
時則有若伊陟。臣扈
格于上帝
巫咸乂王家
在祖乙
時則有若巫賢
在武丁
時則有若甘盤
率惟茲有陳
保乂有殷
故殷禮陟配天

二句今文無徵。

音師爲此有陳。茲cu，此chu。師者，自伊尹至甘盤凡七人也。陳，所謂陳陳相因也。

多歷年所

天惟純佑命

則商實百姓王人

罔不秉德明恤

小臣屏侯甸

矧咸奔走

惟茲惟德

稱用乂厥辟

故一人有事于四方

若卜筮。罔不是孚

公曰

二句今文無徵。

三句今文作天惟醇佑四字。

音小臣並侯甸。

四句今文無徵。

音na卜筮，罔不是福。呼hoo，故孚有此音。福hook。二句今文作迪一人使告四方，若卜筮。

君奭。天壽平格

保乂有殷

有殷嗣天滅威

今汝永念

則有固命厥亂

明我新造邦

公曰

君奭。在昔上帝

割申勸寧王之德

音天酬秉德。格kek疑德tek之誤。

小子不能定kek所繫何字，以前秉德明恤句之字爲決。

音有殷恃天蔑畏。

公曰五句，今文無徵。恃天滅畏。

音則有固命割亂。厥koat，割koah。

三句今文無徵。

音厥申勸寧王之德。勸，勤也。寧王，文王也。今文割申作厥亂。

其集大命于厥躬

集，成也。說見上。

惟文王

尚克修和我。有夏

修和周，有夏。

亦惟有若虢叔

有若閎夭

有若散宜生

有若泰顛

有若南宮括

五句今文無徵。

又曰無能往來

茲迪彝教文王蔑德

音茲迪移教文王明德。八今文無徵。

降于國人

亦惟純佑秉德

佑音有。

迪知天威
乃惟時昭文王
迪見冒聞于上帝
惟時受有殷命哉
武王惟茲四人
尚迪有祿
後暨武王。誕將天威
咸劉厥敵
惟茲四人昭武王

音迪見懋聞於上帝。

五句今文作亦惟醇佑四字。

音尚得有祿。尚在人世也，對仗無祿。左傳成公十三年，呂相絕秦云，無祿獻公即世，又曰無祿文公即世，二句即世俱音即逝。故無祿者，無壽祿也。鄭玄，皮錫瑞有得解。二句今文無徵。

音誕從天威。

音虔劉厥敵。咸ham，虔khia從咸聲字之減，鹹，皆音kiam，故咸亦必然。三句今文無徵。

惟冒丕單稱德

今在予小子旦

若游大川

予往暨汝奭

其濟

小子同未在位

誕無我責

收。罔勖。不及

音惟摹比先聖德。冒moo，摹boo。稱cheng，聖seng。指可比保衡伊涉等。二句今文作武王惟帽四字。

三句今文無徵。

若渡過。

音小子當未在位。

無可責備我。三句今文無徵。

音泗，罔謔，不及。泳渡，姑且戲言之，如泗不過。罔市有辭，姑且飼之也。

耉造德不降

我則鳴鳥不聞

矧曰其有能格

公曰。嗚呼。君

肆其監于茲

我受命無疆惟休

亦大惟艱

告君乃猷裕

我不以後人迷

音苟造德不降。造德，造物之德也。

滅頂矣。

音甚曰其有能國。據有周國也。

格kek，國kook。各擱閣格俱音kook，格必亦如之。收罔勖六句今文無徵。

音思其艦於茲。

音告君乃有慮，我有思也。

音我不遺後人謎。公曰八句今文無徵。

公曰。前人敷乃心

乃悉命汝。作汝民極

曰。汝明勖偶王

在亶乘茲大命

惟文王德

丕承無疆之恤

公曰

君。告汝朕允保奭

其汝克敬以予

監于殷喪大否

人臣之極也。四句今文無徵。

音汝明鞠我王。勖hiook，鞠kiook。鞠，育也。

音再擔承此大命。三句今文無徵。

音丕承無疆之賜。二句今文無徵。

允，應許也。

音其汝克敬與予。

音監於殷喪大怙／祜。惟否另音phi，如此則可作殷喪大辟。五句

肆念我天威

予不允惟若茲誥

予惟曰。襄我二人

汝有合哉

言曰。在時二人

天休滋至

惟時二人弗戡

其汝克敬德

明我俊民

在讓後人于丕時

今文無徵。

音思念我天畏。

音予不云惟若茲告。

我二人相。四句今文無徵。

汝有合意乎。

音徵是二人弗堪。惟bi／ui，五句今文無徵。

音知諒吾人於比治。後hoo，吾goo或我ngoo。丕phi，比pi。時峙

嗚呼。篤棐時二人
我式克至于今日休
我咸成文王功于不怠
丕冒海隅出日
罔不率俾
公曰。君
予不惠若茲多誥
予惟用閔于天越民
公曰。嗚呼。

痔皆有ti聲。
三句今文無徵。
音度非是二人。
音我孰克至於今日休。三句今文無徵。
音比摹海隅出日。二句今文無徵。
音罔不曙被。
音予不諱若此多誥。
音予惟用明於天越民。公曰四句今文無徵。

君惟乃知民德

亦罔不能厥初惟其終

祇若茲

往敬用治

公曰六句今文無徵。

蔡仲之命第十九

此僞文之二十。

周書

蔡叔既沒
王命蔡仲
踐諸侯位
作蔡仲之命
蔡仲之命
惟周公位冢宰
正百工
群叔流言
乃致辟管叔于商

梅賾書註，誅殺。

囚蔡叔于郭鄰

音廓廩。鄰lin，廩lim。梅賾書註，中國之外地名。

以車七乘
降霍叔于庶人
三年不齒
蔡仲克庸祗德
周公以為卿士
叔卒
乃命諸王邦之蔡
王若曰。小子胡
惟爾率德改行
克慎厥猷
肆予命爾
侯于東土
往即乃封。敬哉
爾尚蓋前人之愆
惟忠惟孝

梅鷟云，蓋前人之愆，本魯語臧文仲語，「孟孫善守矣，其可以蓋穆伯，而守其後于魯乎」。

爾乃邁跡自身
克勤無怠
以垂憲乃後
率乃祖文王之彝訓
無若爾考之違王命
皇天無親。惟德是輔
民心無常。惟惠之懷
為善不同。同歸于治
為惡不同。同歸于亂
爾其戒哉。慎厥初
惟厥終。終以不困
不惟厥終。終以困窮
懋乃攸績。睦乃四鄰
以蕃王室。以和兄弟
康濟小民。率自中

音邁責自身。

率音師。

無作聰明。亂舊章
詳乃視聽
罔以側言改厥度
則予一人汝嘉
王曰。嗚呼
小子胡。汝往哉
無荒棄朕命

成王東伐淮夷
遂踐奄。作成王政

篇亡。

成王既踐奄
將遷其君於蒲姑
周公告召公
作將蒲姑

篇亡。

（蔡仲之命完。本篇真者僅數句。）

多方第二十

成王歸自奄

在宗周

誥庶邦。作多方

多方

惟五月丁亥

五字今文無徵。

王來自奄

至于宗周

梅賾書註，周公歸政政之明年，淮夷奄又叛。

周公曰。王若曰

猷告爾四國多方

音有告爾四國多方。三句今文無徵。

惟爾殷侯尹民

音惟爾殷侯殷民。

我惟大降爾命
爾罔不知
洪惟圖天之命
弗永寅念于祀
惟帝降格于夏
有夏誕厥逸
不肯感言于民
乃大淫昏
不克終日勸于帝之迪
乃爾攸聞

三句今文無徵。
音方爲瀆天之命。圖，too，瀆took。方，當也。
音弗永殷念於祀。
音惟帝降殛於夏。三句今文無徵。
音不肯尋言於民。
音不克終日勸於帝之德。四句今文無徵。
音乃爾有聞。

厥圖帝之命

不克開于民之麗

乃大降罰崇亂

有夏因甲于內亂

不克靈承于旅

罔丕惟進之恭

洪舒于民

亦惟有夏之民叨懫

音厥瀆帝之命。

音不克開於民之利。麗le，利li。惟麗亦音li，以攦躧邐孋俱爲此聲也。三句今文無徵。

音乃大降罰種亂。

音有夏因假於內亂。甲kah，假ka。

音不克能承以立。旅li，立lip。

音罔被威震之功。

六句今文無徵。

音亦爲有夏之民弔之。弗弔，無恙也。弔，則恙也，病也。

曰欽劓割夏邑

天惟時求民主
乃大降顯休
命于成湯
刑殄有夏

惟天不畀純

乃惟以爾多方之義民
不克永于多享

惟夏之恭多士

大不克明保享于民
乃胥惟虐于民

音曰襟劓割夏邑。

五句今文無徵。

音微天不畢純。惟ui／bi，微bi，畀pi，畢pit。並非天不完全純一。

三句今文無徵。

音惟夏之共多士。

音乃肆爲虐於民。

至于百為。大不克開
乃惟成湯克以爾多方
簡代夏作民主

慎厥麗乃勸

厥民刑用勸

以至于帝乙
罔不明德慎罰
亦克用勸
要囚殄戮多罪

亦克用勸
開釋無辜

五句今文無徵。

音更代夏作民主。簡kan，更keng。
簡聲從間，其字二音，kan／lkeng。

音慎／甚厥利乃勸。此德也。

此罰也。二句今文無徵。

音獄囚殄戮多罪。

亦克用勸

七句今文無徵。

今至于爾辟
弗克以爾多方
享天之命

三句今文無徵。

嗚呼。王若曰
誥告爾多方
非天庸釋有夏
非天庸釋有殷
乃惟爾辟。以爾多方
大淫圖天之命

音大淫瀆天之命。

屑有辭

音畬有辭。屑siat，畬sia。九句今文無徵。

乃惟有夏。圖厥政

音瀆厥政。

不集于享

集，成也。

天降時喪。有邦閒之

音友邦間之。前云因甲于內亂。

乃惟爾商後王

逸厥逸

五句今文無徵。

音亦厥逸。

圖厥政。不蠲烝

音瀆厥政，不捐烝。捐，說文曰，棄也。棄己之身財，曰捐軀捐獻。捐牛羊豚作祀曰捐烝。

天惟降時喪

惟聖罔念作狂

惟狂克念作聖

五句今文無徵。

天惟五年

二句今文無徵。

須暇之子孫

音俟夏之子孫。古文暇作夏。

誕作民主。罔可念聽

天惟求爾多方

四句今文無徵。

大動以威。開厥顧天

音克厥顧天。開khe，克khek。

惟爾多方。罔堪顧之

五句今文無徵。

惟我周王。靈承于旅

音能承以立。天既待夏人，復又盼爾多方，終惟周王能作民主。

克堪用德。惟典神天

天惟式教我用休

簡畀殷命。尹爾多方

音更畀殷命。尹，治也。七句今文無徵。

今我何敢多誥

我惟大降爾四國民命

爾何不忱裕之于爾多方

爾何不夾介

乂我周王。享天之命

今爾尚宅爾宅

畋爾田

爾何不惠王熙天之命

爾乃迪屢不靜

爾心未愛

爾乃屑播天命

音爾何不忱慮之於爾多方。

音爾何不協介。介，副也。左傳數用此義，如昭公元年，楚公子圍聘於鄭，伍舉爲介。左丘明於書，所習在百篇以上，當從之。

六句今文無徵。

畋，田聲，攵義，打於田，田獵也。

音爾乃退脫不前。迪tek，退the，屢lu，脫lut。

音爾心未矮。

音爾乃卸駁天命。播poo，駁pook。七句今文無徵。

爾乃自作不典

圖忱於正

音徒審於政。

我惟時其教告之

我惟時其戰要囚之

音我惟是其戰獄囚之。四句今文無徵。

至于再。至于三

二句今文不重至于字。

乃有不用我降爾命

今文無乃字。

我乃其大罰殛之

非我有周秉德不康寧

乃惟爾自速辜

三句今文無徵。

王曰。嗚呼

猷告爾有方多士

音有告爾友方多士。

暨殷多士
今爾奔走臣我
監五祀
越惟有胥伯小大多正
爾罔不克臬
自作不和。爾惟和哉
爾室不睦。爾惟和哉
爾邑克明
爾惟克勤乃事
爾尚不忌于凶德
亦則以穆穆在乃位

音監五司／署。王曰六句今文無徵。
今文我伯作賦。
爾皆能規之。五字今文無徵。
不和不睦，即忤事。
音爾尚不及於凶德。忌ki，及kip。

克閱于乃邑謀介

爾乃自時洛邑

爾永力畋爾田

天惟畀矜爾

我有周惟其大介賚爾

迪簡在王庭

尚爾事。有服在大僚

王曰。嗚呼。多士

爾不克勸忱我命

爾亦則惟不克享

音克閱於乃邑廟家。

音爾乃自食洛邑。

音天惟庇眷爾。

音惟其大介利爾。

音得官在王庭。

音尚爾仕。自作不和至大僚，今文無徵。

音爾不克勸申我命。

凡民惟曰不享

爾乃惟逸惟頗

大遠王命

則惟爾多方探天之威

我則致天之罰

離逖爾土

王曰。我不惟多誥

我惟祇告爾命

又曰

時惟爾初不克敬于和

則無我怨

偏頗有辭。

王曰九句今文無徵。

是爾先不克和。

離逖七句今文無徵。

立政第二十一

周書

周公作立政

立政

周公若曰。拜手稽首

告嗣天子王矣

三句今文無徵。

用咸戒于王。曰

音用嚴戒於王。咸ham，嚴giam。

嚴giam／gam。六字今文無徵。

王左右常伯。常任

準人。綴衣。虎賁

今文作辟人贅衣虎賁。

周公曰

嗚呼。休茲

知恤。鮮哉

古之人。迪惟有夏

乃有室大

競籲俊尊上帝

迪知忱恂于九德之行

乃敢告教厥后

曰。拜手稽首。后矣

曰。宅乃事。宅乃牧

命休矣之休。

音知事，鮮哉。

音特惟有夏。特，獨也。

音乃有細大，小大也。室sek，細se。

四句今文無徵。

恂音徇/詢。梅賾書註云，皋陶謨有九德。

二句今文無徵。

音擇乃事，擇乃牧。事，梅賾書註曰，六卿掌事者，牧，九州之

宅乃準。茲惟后矣

謀面用。丕訓德

則乃宅人

茲乃三宅無義民

桀德惟乃弗作往任

是惟暴德罔後

亦越成湯陟

伯。

準，梅書註云，平法者。曰拜手八句今文無徵。

音莫面用，否訓德。莫以貌取人，不訓德。今文作亂謀面用，不訓德。

音則乃擇人。

音茲乃三擇無疑命。二句今文無徵。

音桀特惟乃弗作王任。

即無後，絕祀也。二句今文無徵。

亦及成湯登位。

丕釐上帝之耿命

乃用三有宅

克即宅。曰

三有俊。克即俊

嚴惟丕式

克用三宅三俊

其在商邑

用協於厥邑

其在四方

用丕式見德

嗚呼

音丕理上帝之更命。二句今文無徵。

音乃用三有擇。

音克即擇。

乃用五句今文無徵。

音克用三擇三俊。二句今文無徵。

其在受。德瞀

惟羞刑暴德之人

同於厥邦

乃惟庶習逸德之人

同於厥政。帝欽罰之

乃伻我。有夏

式商受命

奄甸萬姓

音德泯。

音惟猷行暴德之人。

嗚呼五句今文無徵。

音乃惟奢習逸德之人。庶su，奢siat。此以屑sut／siat字轉傳致誤。

音乃並我，有夏。

音嗣商受命。式sit，嗣si。

音安奠萬姓。奄iam，安am。然庵腌掩俱音am，故奄必如是。七句今文無徵。

亦越文王武王
克知三有宅心
灼見三有俊心
以敬事上帝
立民長伯。立政任人
準夫牧作三事
虎賁綴衣。趣馬小尹
左右攜僕。百司庶府
大都小伯。藝人表臣
百司太史。
尹伯庶常吉士
司徒司馬。司空亞旅

亦及文王武王。
三句今文無徵。
四句今文無徵。
綴衣今文作贅衣。
二句今文無徵。

夷微盧烝三亳阪尹

文王惟克厥宅心

乃克立茲常事

司牧人

以克俊有德

文王罔攸兼于庶言

庶獄庶慎

惟有司之牧夫

是訓用違

庶獄庶慎

大都七句今文無徵。

音惟克發擇心。厥koat，發hoat。

三句今文無徵。

音文王罔有兼於士讞。讞，說文云，議辠也。

音士獄，士審。慎sin，審sim。

音是訓用委。

文王罔敢知于茲

亦越武王

率惟敉功

不敢替厥義德

率惟謀從容德

以竝受此丕丕基

嗚呼。孺子王矣

繼自今我其立政

立事準人牧夫

我其克灼知

六句今文無徵。

亦及武王。

音雖爲敉功。率soe，雖sui。轉介者，垂sui／soe也。下二句率仿此。

音不敢退厥義德。三句今文無徵。

音遂惟懋從榮德。遂sui。六字今文無徵。

今文作以竝受茲丕丕其。

厥若丕。乃俾亂

相我受民

和我庶獄庶慎

時則勿有閒之

自一話一言

我則末惟成德之彥

以乂我受民

嗚呼

予旦已受人之徽言

咸告孺子王矣

音厥na否，乃必亂。俾pi，必pit。繼自五句今文無徵。

音尙我受民，尙饗之尙。

二句今文無徵。

音是則勿有間之。今文作時則物有閒之。

音我則莫爲成德之愆／譴。彥gian，愆／譴khian。沫有boh聲，故末亦然。莫boh。

今文作予旦以前人之微言。

繼自今文子文孫

七字今文無徵。

其勿誤于庶獄庶慎

惟正是乂之

五字今文無徵。

自古商人

亦越我周文王

立政立事牧夫準人

三句今文無徵。

則克宅之。克由繹之

音則克擇之，克有役之。

茲乃俾乂

四字今文無徵。

國則罔有立政用憸人

音立政用讒人。憸**chiam**，讒**cham**。今文無徵。

不訓于德

今文作不訓德。

是罔顯在厥世
繼自今立政
其勿以憸人
其惟吉士

用勱相我國家

今文子文孫
孺子王矣
其勿誤于庶獄
惟有司之牧夫
其克詰爾戎兵

以陟禹之跡

今文作是罔顯哉厥世。

三句今文無徵。

音用邁相我國家。今文勱作勯。

其克訖爾戎兵。詰khit，訖kit。

六句今文無徵。

方行天下

至于海表。罔有不服

以覲文王之耿光

今文覲作勤，耿作鮮。

以揚武王之大烈

今文烈作訓。

嗚呼

繼自今後王立政

其惟克用常人

三句今文無徵。

周公若曰

太史。司寇蘇公

式敬爾由獄

以長我王國

五句今文無徵。

茲式有慎

音茲失有愼。

以列用中罰

二句今文無徵。

周官第二十二

此偽文之二十一。

周書

成王既黜殷命

滅淮夷

還歸在豐。作周官

周官

惟周王撫萬邦

巡侯甸

四征弗庭。綏厥兆民

庭，說文曰，宮中也。弗庭，不朝也。

六服群辟。罔不承德

歸于宗周。董正治官

王曰。若昔大猷

制治于未亂

保邦于未危

曰唐虞稽古

建官惟百

內有百揆四岳

外有州牧侯伯

庶政惟和。萬國咸寧

夏商官倍。亦克用乂

明王立政。不惟其官

惟其人

今予小子。祗勤于德

夙夜不逮

音夙夜不怠。

仰惟前代時若

訓迪厥官

立太師。太傅。太保

茲惟三公。論道經邦

惠棟云，太師太傅太保，非三公，然則何官，曰，此太子三公也。

燮理陰陽
官不必備。惟其人
少師。少傅。少保
曰三孤
貳公弘化。寅亮天地
弼予一人
冢宰掌邦治
統百官。均四海
司徒掌邦教
敷五典。擾兆民
宗伯掌邦禮
治神人。和上下

論道非上古辭。

擾字襲自左傳以收亂眞之效。
左傳昭公二十九年云，龍多歸之，以擾畜龍，以事帝舜。以擾畜龍音以沼畜龍。梅賾書注曰，以安和天下眾民。既擾矣，焉得安之，強說也哉書襲此。

司馬掌邦政

統六帥。平邦國

司寇掌邦禁

詰姦慝。刑暴亂

司空掌邦土

居四民。時地利

六卿分職。各率其屬

率音帥。

以倡九牧。阜成兆民

六年五服一朝

又六年。王乃時巡

考制度于四岳

諸侯各朝于方岳

大明黜陟。王曰

嗚呼。凡我有官君子

欽乃攸司。慎乃出令

令出惟行。弗惟反

以公滅私。民其允懷
學古入官。議事以制
政乃不迷

其爾典常作之師
無以利口亂厥官
蓄疑敗謀。怠忽荒政
不學牆面。莅事惟煩

戒爾卿士。功崇惟志
業廣惟勤
惟克果斷。乃罔後艱
位不期驕。祿不期奢
恭儉惟德。無載爾偽
作德。心逸日休
作偽。心勞日拙
居寵思危。罔不惟畏

音不學障明。惟此一句實出原經文。

弗畏入畏
推賢讓能。庶官乃和
不和政厖
舉能其官。惟爾之能
稱匪其人。惟爾不任
王曰。嗚呼
三事暨大夫
敬爾有官。亂爾有政
以佑乃辟。永康兆民
萬邦惟無斁

成王既伐東夷
肅慎來賀
王俾榮伯
作賄肅慎之命

篇亡。

（立政完。本篇幾全偽。）

周公在豐。將歿欲葬成周公薨。成王葬于畢

告周公。作亳姑。篇亡。

君陳第二十三

此僞文之二十二。

周書

周公既沒。命君陳
分正東郊成周
作君陳
君陳

梅賾書引鄭玄注坊記篇云，周公之子，伯禽弟也。

王若曰。君陳
惟爾令德。孝恭惟孝
友于兄弟。克施有政
命汝尹茲東郊。敬哉
昔周公師保萬民
民懷其德
往慎乃司。茲率厥常

懋昭周公之訓
惟民其乂
我聞曰
至治馨香。感于神明
黍稷非馨。明德惟馨

爾尚式時周公之猷訓
惟日孜孜。無敢逸豫
凡人未見聖。若不克見
既見聖。亦不克由聖
爾其戒哉
爾惟風。下民惟草
圖厥政。莫或不艱
有廢有興。出入自爾
師虞庶言。同則繹

王先謙書引梅鷟云，左傳僖五年，宮之奇引周書文。二句上承至治，下啓求治，一徑連成，曰篡自左傳，實有疑焉。

音師於庶言，同則役。納眾言之同者也。梅鷟云，禮記緇衣篇引君

爾有嘉謀嘉猷
則入告爾后于內
爾乃順之于外
曰。斯謀斯猷
惟我后之德
嗚呼。臣人咸若時
惟良顯哉
王曰。君陳
爾惟弘周公丕訓
無依勢作威
無倚法以削

陳曰（出入自爾師虞，庶言同）。緇衣無則繹二字。對比可判梅賾書二句乃眞也。禮記亦本君陳，惟斷句在同，致曲解經義。梅賾斷句在繹，與前後文，連延無礙。

順音遜，不居功也。

爾有八句，王先謙書引梅鷟云，坊記篇引君陳。

三句，王先謙書誤作禮記引緇衣篇。

寬而有制。從容以和
殷民在辟
予曰。辟。爾惟勿辟
予曰。宥。爾惟勿宥
惟厥中
有弗若于汝政
弗化于汝訓
辟以止辟。乃辟
狃于姦宄。敗常亂俗
三細不宥

音星細不宥。三sam，星san。台語有零星一辭，零頭也。

爾無忿疾于頑
無求備于一夫
必有忍。其乃有濟
有容。德乃大
簡厥修

音簡厥秀。

亦簡其或不修
進厥良
以率其或不良
惟民生厚。因物有遷
違上所命。從厥攸好
爾克敬典在德
時乃罔不變
允升于大猷
惟予一人
膺受多福
其爾之休

音亦簡其或不秀。即前云無求備於一夫。

音以帥其或不良。

民之爲利，因物而異。

從民所好。

賴汝之蔭。

終有辭于永世

音終有嗣於永世。本篇起首數句，文字通俗，惟合乎書序，眞僞未易明。自至德馨香起，原文爲多。概言之，近半爲眞，此篇有焉。

顧命第二十四

周書

成王將崩

命召公。畢公

率諸侯相康王

音帥諸侯相康王。

作顧命

顧命

惟四月。哉生魄

音才生白，初二三也。今文魄作霸。

王不懌

今文作王有疾不豫。懌，說文曰，說也。說音悅。

甲子。王乃洮頮水

音王乃討捆水。來回擦拭曰捆，音回。此字今文作沬。

相被冕服憑玉几

乃同召太保奭。芮伯彤伯。畢公。衛侯毛公。師氏。虎臣百尹。御事

王曰

嗚呼。疾大漸惟幾

病日臻

既彌留

恐不獲誓言嗣

音上被冕服憑玉几。

音疾大熸惟幾。熸，火熄也。幾，說文曰，微也。疾大退，其渺焉。

三字今文無徵。

音既微留。

音恐不獲息言嗣。誓se，息sek。息，氣息也。

茲予審訓命汝

三句今文無徵。

昔君文王。武王

宣重光

奠麗陳

教則肆。肆不違

六字今文無徵。

音教則習，習不違。肆si，習sip。三句今文無徵。

用克達殷集大命

音用克撻殷集大命。

在後之侗。敬迓天威

音在後之童，成王自稱也。迓，迎迓有辭。

嗣守文武大訓

無敢昏逾

四句今文無徵。

今天降疾。

四字今文無徵。

殆弗興弗悟

爾尚明時朕言
用敬保元子釗
弘濟于艱難
柔遠能邇
安勸小大庶邦

思夫人自亂于威儀

爾無以釗

冒貢于非幾

音殆弗興弗寤。興起有辭。寤，醒也。

五句今文無徵。

音使夫人主端以威儀。亂loan，端toan。

二句今文無徵。

音冒共於非畿。

貢kong，共kiong。惟共另有母音ong，觀栱洪哄烘等可知。即前言ong、iong互通之音例。冒犯有辭。無使諸侯不朝。五字今文作非幾二字。

茲既受命還

今文既作即。

出綴衣于庭

衣，梅賾書曰，幄帳也。五字今文無徵。

越翼日乙丑。王崩

太宰命仲桓。南宮毛

俾爰齊侯呂伋

以二干戈。虎賁百人

逆子釗于南門之外

今文逆作迎。

延入翼室

四字今文無徵。

恤宅宗

音祀宅宗。今文作度宅宗。

丁卯。命作冊度

音命作冊牘。

越七日癸酉

伯命相士須材
狄設黼扆綴衣
牖間南嚮
敷重篾席黼純
華玉仍几
西序東嚮
敷重底席綴純
文貝仍几
東序西嚮
敷重豐席畫純
彫玉仍几
西夾南嚮

四句今文無徵。
今文作狄設黼衣贅衣。
三句今文無徵。
三句今文無徵。
三句今文無徵。

敷重筍席玄紛
純漆仍几
越玉五重陳寶
赤刀大訓
弘璧琬琰在西序
大玉夷玉
天球河圖在東序
胤之舞衣
大貝鼖鼓在西房
兌之戈。和之弓
垂之竹史在東房

三句今文無徵。
三句今文無徵。
二句今文作顓頊河圖雒書在東序。
二句今文無徵。
三句今文無徵。

大輅在賓階面

綴輅在阼階面

先輅在左塾之前

次輅在右塾之前

二人雀弁執惠

立于畢門之內

六字今文無徵。

四人綦弁執戈上刃

夾兩階戺

一人冕執劉。立于東堂

一人冕執鉞。立于西堂

一人冕執戣。立于東垂

一人冕執瞿。立于西垂

一人冕執鋭。立于側階

四句今文無徵。

王麻冕黼裳

十二句今文無徵

由賓階隮
卿士邦君
麻冕蟻裳。入即位
皆麻冕彤裳
太保太史太宗
太保承介圭
上宗奉同瑁
由阼階隮
太史秉書。由賓階隮
御王冊命
曰。皇后憑玉几

音麻冕黑裳。蟻hia，赫hiah／hek，黑hek。

由賓階六句今文無徵。

今文同作銅。

音諭王冊命。御gu，諭u。

太史五句今文無徵。

道揚末命

音倒揚末命。倒臥有辭。

命汝嗣訓。臨君周邦

率循大卞。燮和天下

音帥循大編。王先謙書引正義曰，王肅云，大卞大法。義同也。周法三千，編之大，當世無有過之者。

用荅揚文武之光訓

命汝五句今文無徵。

王再拜。興荅。曰

興起有辭。王起而答。

眇眇予末小子

其能而亂四方

音其能而籠四方。

以敬忌天威

二句今文無徵。

乃受同瑁

今文同作銅。

王三宿。三祭。三咤

上宗曰。饗

太保受同降

盥以異同。秉璋以酢

授宗人同拜。王荅拜

太保受同。祭嚌

宅受宗人同拜

王荅拜

太保降收

諸侯出廟門俟

宿，甘氏廖氏俱未收。

上宗三句今文無徵。

二句今文無徵。

二句今文無徵。

六字今文作度一字。

三句今文無徵。

康王之誥第二十五

周書

康王既尸天子

遂誥諸侯

作康王之誥

康王之誥

王出在應門之內

太保率西方諸侯

入應門左

率音帥，以下仿此。

畢公率東方諸侯

入應門右

五句今文無徵。

皆布乘黃朱

音皆黼成黃朱。今文作黼黻衣黃朱紼。

賓稱奉圭兼幣

音賓親奉圭兼幣。

曰。一二臣衛
敢執壤奠

音敢執諒奠。諒闇之諒。

皆再拜稽首
王義嗣德。荅拜

音王依序第，荅拜。義gi，依i。德tek，第te。賓稱七句今文無徵。

太保暨芮伯
咸進相揖
皆再拜稽首

三句今文無徵。

曰。敢敬告天子
皇天改大邦殷之命
惟周文武
誕受羑若。克恤西土

音誕受有若。六句今文無徵。

惟新陟王。畢協賞罰
勘定厥功
用敷遺後人休
今王敬之哉

五句今文作畢協賞罰四字。

張皇六師

梅賾書注云，張大六師。

無壞我高祖寡命

二句今文無徵。

王若曰
庶邦侯甸男衛
惟予一人釗報誥

三句今文無徵。

昔君文武
丕平富。不務咎

音否摒輔，不侮舊。

底至齊信

用昭明于天下
則亦有熊羆之士
不二心之臣
保乂王家
用端命于上帝
皇天用訓厥道
付畀四方
乃命建侯
樹屏在我後之人
今予一二伯父
尚胥暨顧

五句今文無徵。
端正有辭。
訓之導之。
三句今文無徵。
二句今文無徵。
音尚思暨顧。

綏爾先公之臣
服于先王
雖爾身在外
乃心罔不在王室
用奉恤厥若
無遺鞠子羞
群公既皆聽命
相揖趨出
王釋冕。反喪服

音率爾先公之臣。綏sui，率soe。然挼聲soe，故綏亦是。

四句今文無徵。

音永奉食厥祿。前句云，綏爾先公之臣，服于先王。康王之惶恐，盡聞無餘。周本紀云，成王將崩，懼大子釗之不任。周紀實窺其情。知子莫若父，成王果如是也。

四句今文無徵。

畢命第二十六

此僞文之二十三。

周書

康王命作冊畢

分居里。成周郊

作畢命

畢命

惟十有二年六月

庚午朏

朏，月出。梅賾書云，六月三日。

越三日壬申

王朝步自宗周

至于豐

以成周之衆

命畢公保釐東郊

王若曰

嗚呼。父師

惟文王武王

敷大德于天下

用克受殷命

惟周公左右先王

綏定厥家

毖殷頑民。遷于洛邑

密邇王室。式化厥訓

既歷三紀。世變風移

四方無虞

予一人以寧

梅賾書註云，告畢公代周公爲大師，爲東伯，命之代君陳。此註蓋據君陳篇書序。

音俾殷頑民。

梅賾書注云，十二年曰紀，父子曰世。

道有升降。政由俗革

不臧厥臧。民罔攸勸

惟公懋德。克勤小物

弼亮四世。正色率下

罔不祗師言

嘉績多于先王

予小子垂拱仰成

王曰。嗚呼。父師

今予祗命公

以周公之事。往哉

旌別淑慝。表厥宅里

彰善癉惡。樹之風聲

弗率訓典。殊厥井疆

道乃戰國用辭。

勸勤古通用。

梅賾書注，文武成康四世。

音弗師訓典，殊決井疆。率sut，師su。殊決，分開義。

俾克畏慕
申畫郊圻
愼固封守。以康四海
政貴有恆。辭尚體要
不惟好異。商俗靡靡
利口惟賢。餘風未殄
公其念哉。我聞曰
世祿之家。鮮克由禮
以蕩陵德
實悖天道。敝化奢麗
萬世同流
茲殷庶士。席寵惟舊

音繩畫郊圻。

音不爲好異。

音以蕩令德。

音帛華奢麗。

音奢張惟久。席siah，奢sia。寵thiong，張tiong。

怙侈滅義。服美于人
驕淫矜侉。將由惡終
雖收放心。閑之惟艱
資富能訓。惟以永年
惟德惟義。時乃大訓
不由古訓。于何其訓
王曰。嗚呼。父師
邦之安危。惟茲殷士
不剛不柔。厥德允修
惟周公克慎厥始
惟君陳克和厥中
惟公克成厥終

音沽侈滅義。
音將有惡終。
音雖收荒心，限之惟艱。
音資富能順／遜。
自旋別淑慝至此句止，似非僞文。

三后協心。同底于道
道洽政治。澤潤生民
四夷左衽。罔不咸賴
予小子永膺多福
公其惟時成周
建無窮之基
亦有無窮之聞
子孫訓其成式惟乂
嗚呼
罔曰弗克。惟既厥心
罔曰民寡。惟愼厥事
欽若先王成烈
以休于前政

本篇僞多眞寡。

君牙第二十七

此僞文之二十四

周書

穆王命君牙

為周大司徒

作君牙

君牙

王若曰

嗚呼。君牙

惟乃祖乃父

世篤忠貞。服勞王家

厥有成績。紀于太常

惟予小子

嗣守文武成康遺緒

亦惟先王之臣

克左右。亂四方

心之憂危。若蹈虎尾

涉于春冰

今命爾予翼

作股肱心膂

纘乃舊服。無忝祖考

弘敷五典。式和民則

爾身克正。罔敢弗正

民心罔中。惟爾之中

夏暑雨

小民惟曰。怨咨

音怨且。且cu，語尾祝詞。

冬祁寒

小民亦惟曰。怨咨

音冬幾寒。暑有雨，冬微寒，皆爽事也，然小民尚有怨。

厥惟艱哉

思其艱。以圖其易
民乃寧。嗚呼
丕顯哉。文王謨
丕承哉。武王烈
啟佑我後人
咸以正罔缺
爾惟敬明乃訓
用奉若于先王
對揚文武之光命
追配于前人
王若曰。君牙
乃惟由先正舊典時式
民之治亂在茲
率乃祖考之攸行
昭乃辟之有乂

音師乃祖考之攸行。

舜典云，「契，百姓不親，五品不遜，汝作司徒，敬敷五教，在寬」。言精而旨要。此篇語多則有矣，涉及司徒政事者，零哉。多僞無疑。

冏命第二十八

周書

此僞文之二十五。

穆王命伯冏
為周太僕正
作冏命
冏命

王若曰。伯冏
惟予弗克于德

今文作臩命。

嗣先人。宅丕后

音惟予弗克有德。

怵惕惟厲。中夜以興
思免厥愆。昔在文武
聰明齊聖。小大之臣

咸懷忠良

其侍御僕從

罔匪正人

以旦夕承弼厥辟

出入起居。罔有不欽

發號施令。罔有不臧

下民祗若。萬邦咸休

惟予一人無良

實賴左右前後

有位之士。匡其不及

繩愆糾謬。格其非心

俾克紹先烈

今予命汝作大正

正于群僕侍御之臣

懋乃后德。交修不逮

慎簡乃僚

無以巧言令色

便辟側媚

其惟吉士僕臣正

厥后克正

僕臣諛。厥后自聖

后德惟臣。不德惟臣

爾無昵于憸人。

充耳目之官迪上

以非先王之典

非人其吉。惟貨其吉

吉士似官吏之泛稱。《詩・野有死麕》云，有女懷春，吉士誘之。

又〈卷阿〉有，藹藹王多吉人。

音厥后自眚。眚，盲也。

音爾無昵於讒人。讒音見立政篇。

音匿上。迪tek，匿lek。

音非人其忌，惟賄其忌。吉kit，忌ki。

若時瘝厥官

惟爾大弗克祗厥辟

惟予汝辜。王曰

嗚呼。欽哉

永弼乃后于彝憲

音若是捐厥官。

詩曰莫余敢止，此云惟予汝辜，句法相承。

惟篇末十數句爲原文。

呂刑第二十九

周書

呂命
穆王訓夏贖刑

音訓夏淑刑。

作呂刑
呂刑
惟呂命

今文作惟甫命。

王享國百年耄荒

音王享國百年謀遠。求名垂後世也。今文享作饗。

度作刑以詰四方

音度作刑以紀四方。詰khit，紀ki。今文度作度時。

王曰。若古有訓

音na古有訓。三墳五典音三訓五典。

蚩尤惟始作亂

延及于平民

罔不寇賊

鴟義姦宄

奪攘矯虔

苗民弗用。靈制以刑

惟作五虐之刑。曰法

殺戮無辜

蚩尤在黃帝時，則上句之訓，即三墳之一。王曰三句今文無徵。

延及華夏之民。

音侈疑姦宄。蚩尤四句，說舜典蠻夷滑夏寇賊姦宄。今文作消義姦宄。

音奪讓僥兼。奪讓，強讓也。僥兼，不義而併也。今文作敓攘撟虔。

音令制以刑。弗用，亂也。二句今文作苗民匪命，制以刑。

指刑即法也。本篇刑字俱從此義。

四字今文無徵。

爰始淫為劓刵椓黥

越茲麗刑并制

罔差有辭

民興胥漸

泯泯棼棼

罔中于信。以覆詛盟

虐威庶戮

方告無辜于上

上帝監民

罔有馨香

爰，說文云，引也。八字今文作臏宮劓頭庶剠。

麗，段玉裁云，耦也。又曰，左傳之伉儷。

其罪有無說辭，不論焉。二句今文無徵。

音民釁徐漸。今文作民興犯漸。

二句今文無徵。

音虐威庶磟。庸磟有辭。今文作庶僇。下文戮同。

濫告無罪之人於天。今文作旁告無辜於天帝。

德刑發聞惟腥

皇帝哀矜庶戮之不辜

三句今文無徵。

音皇帝哀愍庶碌之不辜。矜，說文云，矛柄也，居陵切，又巨今切。字从今聲，然爲居陵切，故段玉裁曰，字爲矜，从令聲。說文載二聲，知矜矜通用，既久焉。或以根莖俱爲長條，形似故也。矛柄者，莖**keng**也，同矜**keng**／**kin**聲。根**kin**，則同另一音今。本書取**kin**聲，即愍，傷也。不要緊者，無傷，未愍也。

然，原經文或作哀憐，而梅賾書傳成哀矜。既云矜矜通用，令表聲，爲**leng**。憐**lian**／**lin**，僅二音，此廖氏所錄者。惟**leng**乃小子母語，其聲無疑。哀憐歟，哀傷歟，豈非俱有辭乎。今文無皇字。故今文家以此指天帝。惟楚語觀射父明曰，「……顓頊受之，乃命南正重司天以屬神，命火正黎司地以屬民，使復舊業，無相侵瀆，是謂絕地天通」。梅賾書作皇帝，實正解。顓頊帝，其音專獄。頊**hiook**，獄**giook**。觀射父復云，少昊氏衰，九黎亂德……民神同位……即民假傳天命，以殺戮也。顓頊絕之，獄專於王官，故後人號之專獄。惟楚語以重黎爲二人，異於左傳。本書從左丘明。

報虐以威。遏絕苗民

無世在下

乃命重黎。絕地天通

罔有降格

群后之逮在下

明明棐常。鰥寡無蓋

皇帝親問下民

鰥寡有辭于苗

德威惟畏

廢其祀。四字今文無徵。

重音鄭，鄭州也，以地爲姓。

格，至也。三句今文無徵。

逮音代，代理也。

三句今文無徵。

今文無皇字。

德刑惟腥，鰥寡云，因染於苗。六字今文無徵。

今文作德威惟威。

德明惟明

乃命三后。恤功于民

伯夷降典。折民惟刑

禹平水土。主名山川

稷降播種。農殖嘉穀

三后成功。惟殷于民

士制百姓于刑之中

以教祗德

音德明惟民。

音樹功於民。恤sut，樹su。二句今文無徵。

音則民惟刑。

二句今文無徵。

殷實有辭。

士，獄官也。于刑之中，即於法之合也。今文作爰制百姓于刑之衷。

音以教至德。

穆穆在上。明明在下
灼于四方
罔不惟德之勤

故乃明于刑之中
率乂于民棐彝

典獄非訖于威
惟訖于富敬忌
罔有擇言在身

惟克天德。自作元命
配享在下

王曰。嗟

四句今文無徵。

音士乂於民棐彝。士su，率sut。二句今文無徵。

音典獄非基於威。訖kit，基ki。

罔有讁讞在身。讞，說文云，議辠也。三句今文作敬忌而罔有擇言在躬。

三句今文無徵。以上說夏刑。

四方司政典獄
非爾惟作天牧
今爾何監
非時伯夷播刑之迪
其今爾何懲
惟時苗民匪察于獄之麗
罔擇吉人
觀于五刑之中
惟時庶威奪貨
斷制五刑。以亂無辜

王曰四句今文無徵。
音今爾何鑑。今文無徵。
迪音德。鑑於虞夏刑之德。
懲於苗民不察刑之濫。三句今文無徵。
音官於五刑之中。二句今文無徵。
音惟是士惟敠賄。敠，衡量輕重也敁敠有辭，今俗作掂掇。
三句今文無徵。

上帝不蠲。降咎于苗

苗民無辭于罰

乃絕厥世

王曰。嗚呼。念之哉

伯父伯兄。仲叔季弟

幼子童孫。皆聽朕言

庶有格命。

今爾罔不由慰曰勤

爾罔或戒不勤

音上帝不觀，不觀其祀之謂。

無辯答辭。

即絕祀，去其食采，所謂無後也。非指絕種。罔擇九句，乃說苗民。二句今文無徵。

音斯有繼命。格kek，繼ke。王曰八句今文無徵。

音今爾罔不有謂曰矜。

音爾罔或戒不矜。矜即前文皇帝哀矜之矜。二句今文無徵。

天齊于民

俾我一日非終

惟終在人

爾尚敬逆天命

以奉我一人

雖畏勿畏

雖休勿休

惟敬五刑。以成三德

一人有慶。兆民賴之

其寧惟永

今文于作乎。韓非子云，設法度以齊民。

音俾我一子非眾。

音惟眾在人。二句今文作假我一日四字。

音雖威勿畏。二句今文無徵。

爾雖守庇蔭，勿休息。

音兆民來之。我之有功，賴兆民也。

四字今文無徵。

王曰。吁。來
有邦有土。告爾祥刑
在今爾安百姓
何擇非人
何敬非刑。何度非及
兩造具備。師聽五辭
五辭簡孚。正于五刑
五刑不簡。正于五罰
五罰不服。正于五過
五過之疵

音何度非級。今文及作宜。

梅賾書注云，獄官其聽其入五刑之辭。師音士。

音五辭監符。

音五刑不含。含kam，簡kan。

音五罰不符。何度非級也。

疵次同音，次，順序也。惟以下五句，其義弗能知，故疵音次乎，不能定也。

惟官。惟反
惟內。惟貨。惟來

五過六句，今文作五過之疵，官獄內獄八字。

其罪惟鈞

其罪爲均乎，抑近乎，聲俱同鈞也。
今文一作閱實其罪，惟均其過。

其審克之

音其愼科之。審sim，愼sin。
克khek，科khe。科，說文云，从禾从斗，斗者，量也。下文仿此。

五刑之疑有赦
五罰之疑有赦
其審克之

三句今文無徵。

簡孚有眾

音供符有證。有據也。

惟貌有稽

音惟卯有稽。卯合有辭。今文作惟訊有稽。

無簡不聽。具嚴天威

音無供不聽。今文聽作疑。

墨辟疑赦。其罰百鍰

今文鍰作率／選／饌。

閱實其罪

音兌實其罪。兌，對換。對，對等也。以百鍰贖罪。

劓辟疑赦。其罰惟倍

罰二百。今文惟倍作倍灑。

閱實其罪

剕辟疑赦。其罰倍差

倍差，梅賾書注云，倍之又半，爲五百鍰。今文剕作臏。

閱實其罪

宮辟疑赦

其罰六百鍰

今文作五百率。

閱實其罪
大辟疑赦。其罰千鍰
閱實其罪
墨罰之屬千
劓罰之屬千
剕罰之屬五百
宮罰之屬三百
大辟之罰。其屬二百
五刑之屬。三千

上下比罪。無僭亂辭
勿用不行。惟察惟法
其審克之

上刑適輕。下服

自墨至大辟之罰，總數三千。王先謙書引大傳云，夏刑三千條。是甫刑之五刑三千，乃用古法，非穆王自造。

五句今文無徵。

今文適作挾。下句同。

下刑適重。上服

輕重諸罰有權

刑罰世輕世重

惟齊非齊。有倫有要

罰懲非死。人極于病

非佞折獄。惟良折獄

罔非在中

察辭于差。非從惟從。

有權重。

音適輕適重。世se，適sek。

音有倫有約。人倫有辭，即分等第也。要io，約ioh。約，減也。

四句今文無徵。

音罪懲非是，人格於病。格，至也。今文人作佞。

音非佞責獄，惟良責獄。

三句今文無徵。

音非眾惟從。

哀敬折獄

明啟刑書

胥占咸庶中正

其刑其罰。其審克之

獄成而孚。輸而孚

其刑上備。有并兩刑

王曰。嗚呼

敬之哉。官伯族姓

朕言多懼。朕敬于刑

有德惟刑。今天相民

音哀敬責獄。今文敬作矜，一作鰥。

音書鏨咸庶中正。占ciam，鏨cam。字从占聲者，沾霑站等，其音俱作cam，故占亦有此聲。鏨，刻字也。

二句今文無徵。

音獄勝而服，輸而服。

音其刑雙被，有并兩刑。四句今文無徵。

作配在下　王曰九句今文無徵。

明清于單辭　音民清於單辭。清於兩造辭一也。

民之亂

罔不中聽獄之兩辭　兩造說各異，未中立以聽，民乃亂。

無或私家于獄之兩辭　音無或私加於獄之兩辭。三句今文無徵。

獄貨非寶　音獄賄非寶。

惟府辜功　音惟負辜功。四字今文無徵。

報以庶尤　今文尤作訧。

永畏惟罰

非天不中。惟人在命

天罰不極庶民

罔有令政在於天下

王曰。嗚呼

嗣孫。今往何監

非德於民之中

尚明聽之哉

哲人惟刑

三句今文無徵。

音天罰不契庶民。極kek，契khe。

二句今文無徵。

音今應何監。

前云非天不中。

王曰六句今文無徵。

音則人惟刑。哲tiat，則cek。哲，說文云，知也，从口折聲。折cek。本句起今文無徵。

無疆之辭。屬于五極

咸中有慶

受王嘉師

監于茲祥刑。

音足於五過。極kek，過ke。

音咸懲有慶。

受王嘉辭。

文侯之命第三十

周書

平王錫晉文侯

音平王賜晉文侯。

秬鬯圭瓚

作文侯之命

文侯之命

王若曰。父義和

梅賾書注曰，義和，字也。史記載晉文侯名仇，依此，義和音宜和，有仇，宜和解，名字相應也。

丕顯文武。克慎明德

昭升于上。敷聞在下

惟時上帝

集厥命于文王

今文文王作文武。

亦惟先正

克左右昭事厥辟

越小大謀猷

罔不率從

肆先祖懷在位

嗚呼。閔予小子嗣

造天丕愆

殄資澤于下民

侵戎我國家

正，廖氏有正祧一辭，指嫡系。

台語祧仔內有辭。

七字今文作克左右三字。

音罔不輸從。

音使先祖獲在位。三句今文無徵。

音遭天丕愆。三句今文無徵。

音顛趄澤於下民。資cu，趄chu。趄，足滑也。

音塹壟我國家。鋟chim／chiam，故侵亦有chiam聲。塹chiam。二句今文無徵。

純即我御事

音順至我御事。即cit，至ci。今文無純字。

罔或耆壽

音罔顧耆壽。或hek，顧koo。國馘幗摑皆音kook，故或亦有此聲。今文作罔克耆壽。

俊在厥服

音純在厥覆。今文作咎在厥躬。

予則罔克曰

予則罔克今文無徵。

惟祖惟父

其伊恤朕躬

五字今文作恤朕身三字。

嗚呼。有績予一人

音有濟予一人。今文績作繼。

永綏在位

音永遂在位。今文作永其在位。

父義和
汝克昭乃顯祖
汝肇刑文武
用會紹乃辟
追孝于前文人
汝多修。干我于艱
若汝予嘉
王曰。父義和
其歸視爾師。寧爾邦
用賚爾秬鬯一卣

音汝肇行文武。
紹，說文曰，繼也。
音追效於前文人。
音汝多守，扞我於艱。干kan，扞han。
八句今文無徵。
四句今文無徵。

彤弓一。彤矢百
盧弓一。盧矢百
馬四匹。父往哉
柔遠能邇。惠康小民
無荒寧。簡恤爾都
用成爾顯德

梅賾書注，盧，黑也。今文百作千。

音監恤爾都。簡**kan**，監**kam**。

七句今文無徵。

（文侯之命完）

本篇乃周平王東遷後所作。

古史地於〈西周戎禍考〉辨犬戎亡周，引證細密。茲借其功，復生一問如下。

錢穆曰，申周之役，乃周王伐申而申侯迎戰，故殺周王於驪山之下。其乃辨史紀之誤也。史紀云，申侯與繒，西夷，犬戎攻幽王。攻守異乎錢說。惟錢說爲正，其引《國語・鄭語》爲證：

「……若伐申而繒與西戎會以伐周，周不守矣」。鄭語可爲據者，以其言多後見之明。觀史伯答鄭桓公，如何逃死之言即可知。既曰後見矣，則繒，西戎會而伐周，即屬實情。於驪山下，幽王三面受敵，故遭殺。雖然，於此有疑焉。天子之師，於申戎爲眾矣，雖圍之，必有間隙以破出。本書於湯誓注中，已解國君易乘遁走之術。而幽王竟未出而死。猶可怪者，鎬京其牆峻矣，西戎焉能攀越。春秋之際，攻城或登牆，或包圍，僅此二法。然俱不聞於此役。故疑曰，鎬京之破，內應啓城門所致。城不破不大亂，不能挾褒姒以亡。幽王仍在，則褒姒無從竊焉。故王必使其斃，城門必令之開。孰爲此，君其問諸驪山之阿。或申侯其亦有以答焉。

大夏地理考（圖十）

左傳昭元年，鄭子產云，故參爲晉星，由是觀之，則實沉，參神也。其前云：「昔高辛氏……遷實沉於大夏，主參，唐人是因，以服事夏商」。此即大夏，實沉，唐，晉之淵源。星次之實沉sim，星宿之參sim，地支之申sin，其指一也。故曰，申，實沉。其地則大夏，唐。據晉世家，唐在河，汾之東，方百里。晉之封於唐，乃因成王與叔虞戲，削桐葉爲珪以與叔虞。桐音唐，於是遂封叔虞於唐，本陶唐氏，堯苗裔所居。在河，汾，即二水交會點，之東，今曲沃，絳縣，翼城縣之間。其北及於堯都平陽。大夏**ha**者，大峽**hap**也。自霍州至萬榮，皆夾山之地，俱可謂大夏。

古史地於大夏所在，舉齊桓公西伐之文以辨，凡三引，可助證本書所指。其引《管子・小匡》云：「西攘山狄之地，至於西河，方舟設柎，乘桴濟河，至於石沉，縣車束馬，踰大行與卑耳之谿，拘泰夏，西服流沙西虞，而秦戎始從。」引《國語・齊語》：「……拘夏，西服流沙西吳，南城於周，反胙於絳，嶽濱諸侯莫敢不來服。」二引之拘泰夏，拘夏，即拘大夏。西虞即西吳。難知者，在大行與卑耳之谿，究爲何處。本書說見圖。元和誌之河東道下絳州云，東南至東都，取垣縣王屋路四百八十里。特爲之書，明此乃絳，洛陽之捷徑也。垣縣出山處，正今絳縣。引文之拘大夏，不乃經王屋山越垣縣後山口，監絳之謂乎。

晉豫往來之山路，其大者自來有二。此爲一。其二則今平陸運城之徑，平陸古云河東大陽。引文之踰大行與卑耳之谿，《索隱》即曰，卑耳，山名，在河東大陽。然《索隱》所言，依本書例，不可遽信。如卑耳山果在平陸，則先過西虞之門，北上拘大夏，再折反服西虞，南行城周。兩地來回，多勞其一。先免西虞，後又伐之，小白於諸侯，如何有辭其二。故卑耳不在大陽。歷來言在者，必以拘夏，拘大夏，爲拘今之夏縣，而非東絳。夏縣，夏人之邑，大夏，則大峽之域。義在音，不在字形。

費誓第三十一

周書

魯侯伯禽。宅曲阜

徐夷竝興。東郊不開

作費誓

費誓

公曰。嗟。人無譁

聽命。徂茲

淮夷徐戎竝興

善敹乃甲冑。敿乃干

今口語大家安靜。

往哉。

公曰六句今文無徵。

音善抓乃甲冑，翹乃干。二句今文作陳爾甲冑。

無敢不弔

備乃弓矢。鍛乃戈矛

礪乃鋒刃。無敢不善

今惟淫舍。牿牛馬

杜乃擭。敜乃井

無敢傷牿

牿之傷。汝則有常刑

馬牛其風。臣妾逋逃

音無敢不宰。今文弔作善。

四句今文無徵。

音今爲引車，篩牛馬。淫im，引in。舍sia，車chia。牿khook，篩khoo。

音堵乃伏，塡乃井。敜liam，塡thiam。四句今文無徵。

音無敢傷腳／骹。牿khook，骹kha。从告聲之硞，其聲khook／kha。骹，說文云，脛也。

二句今文無徵。

馬牛其瘋。瘋，台語獸發情也，將逸奔。

勿敢越逐
祇復之
我商賚汝
乃越逐不復
汝則有常刑
無敢寇攘。踰垣牆
竊牛馬。誘臣妾
汝則有常刑
甲戌。我惟征徐戎
峙乃糗糧。無敢不逮
汝則有大刑

音至復之，即待征戰歸來。
音我償賚汝。四字今文無徵。
二句今文無徵。
三句今文無徵。
音實乃臬糧。峙si，實sit。臬，粿糕之類。

魯人三郊三遂

音魯人三溝三隧。左傳寤生闕地及泉，隧而見姜氏。溝亦近隧。

今文遂作隧，下文遂同。

峙乃楨幹

甲戌。我惟築

無敢不供

音無敢不共。

汝則有無餘刑。非殺

音汝則有沒于刑。沒，沒收也。王先謙書引鄭玄疏云，謂盡奴其妻子，不遺其種類，在軍使給廝役，反則入於罪隸舂槀，不殺之。三句今文無徵。

魯人三郊三遂

峙乃芻茭。無敢不多

今文多作及。

汝則有大刑

今文無汝則二字。

秦誓第三十二

周書

秦穆公伐鄭
晉襄公帥師
敗諸崤。還歸
作秦誓

秦誓

公曰。嗟。我士
聽無譁。予誓告汝
群言之首

四字今文無徵。

古人有言曰
民訖自若。是多盤

責人斯無難

音面詰自若，是多絆。訖kit，詰khit。

惟受責。俾如流

是惟艱哉

我心之憂

日月逾邁

若弗云來

惟古之謀人

則曰

音卑如流。

七句今文無徵。

四字今文無徵。

穆公已老。

七年前重耳爲晉君，楚成王曰，天假之年，而除其害，天之所置，其可廢乎。成王以重耳有天命，穆公所見當同。今其人已逝，天命尚在晉乎。或未必也。既然，霸業探手即得，餘生復無多，不就此一博，將長眠，能甘心乎。

我則言也。

未就予忌

惟今之謀人

姑將以為親

雖則云然

尚猷詢茲黃髮

則罔所愆

番番良士。旅力既愆

我尚有之

仡仡勇夫

音未周予急。忌ki，急kip。周急有辭。二句今文無徵。

親信，常辭也。

三句今文無徵。

音尚猶詢茲黃髮。不云白髮，而曰黃髮者，同商頌烈祖章，黃耇無疆句。

音膂力既乾。乾，健也。

四字今文無徵。

音屹屹勇夫。此仡字音從甘氏，廖氏未收。

射御不違

我尚不欲

音我尚不約。即不減，約束有辭。二句今文無徵。

惟截截善諞言

音惟踥踥善騙言。截ciat，踥ciap，踥踥來，台語常往來義。惟常喜聽騙語。今文作惟諓諓善竫言。

俾君子易辭

音俾君子易思。使我變心也。今文辭作怠。

我皇多有之

音我豐多有之。今文皇作況。

昧昧我思之

音每每我思之。今文無徵。

如有一介臣

斷斷猗無他技

其心休休焉

音其心虛虛焉。休hiu，虛hu。咻hiu／hu。

其如有容

人之有技。若己有之
人之彥聖。其心好之
不啻如自其口出
是能容之
以保我子孫黎民
亦職有利哉
人之有技
冒疾以惡之
人之彥聖
而違之。俾不達
是不能容
以不能保我子孫黎民

音人之言聖。

以保我子孫隸民。

音亦則有利哉。今文職作尚。

音貌疾以惡之。今文冒作娼。

音人之言聖。

亦曰。殆哉

邦之杌隉。曰由一人

邦之榮懷

亦尚一人之慶

音邦之有孽。杌gut，有u。二句今文無徵。

音邦之榮瑰。廖氏懷亦音kui，雖此聲僅得瓌懷兩字，然毛詩韻，褢聲，鬼聲確屬同部。

音亦尚一人之經，經營之謂。慶kheng，經keng。

伏生尚書二十八篇，孟子時則有百篇，實古先王訓命之精選集也。如詩三百，唐詩三百，古文觀止。其百篇，或時有增刪，春秋前廣傳既久焉。

梅賾僞書，今文尚書，其共者二十八篇。當中梅書有載，今文無徵者多矣。無徵處，台語復能解之。則春秋時尚書，於孔門中其失傳者，鉅哉。依尚書之百篇書序，秦誓篇壓軸，堯典開頭。書斷自唐堯，不自三墳五典，古來俱主仲尼美禪讓之德故。果如是乎。抑儒生自誇乎。冊在士大夫家久遠矣，世代弗能追述。仲尼於此藝，心不在焉，安能有所刪選。

最終版本疑即定於秦穆公末年前後，且出自王庭。以秦晉魯宋衛蔡俱有文，惟齊鄭二國無也。周初失天下，帝心未矮，而鄭來交質，齊九合諸侯，將欲無恨，難哉。堯典秦誓，實二十八篇中，文之至美者，各據開場壓軸，古今觀者，當無辭焉。

魯頌

閟宮

閟宮有侐。實實枚枚

赫赫姜嫄。其德不回

朱熹集魯頌共四篇，但選其一。餘棄之，史料少也。

音閟宮有黍。

不回，即不避，所謂直也。左傳哀公十五年，孔悝受刼，子路往救，曰，食焉，不避其難。顏淵，名回。兩人一直一回，一眞一虛。左傳不載顏淵，惟多讚子路。其載季康子使告子路之言曰，千乘之國，不信其盟，而信子之言，子何辱焉。然子路以義故，辭之。

天地茫茫

惟麥田盡處

留一子路

髮白無奈天何

殉蹲補

上帝是依。無災無害
彌月不遲。是生后稷
降之百福。黍稷重穋
稙穉菽麥。奄有下國
俾民稼穡。有稷有黍
有稻有秬。奄有下土
纘禹之緒
后稷之孫。實維大王
居岐之陽。實始翦商
至於文武。纘大王之緒
致天之屆。于牧之野

其誰捨我。

音密月不抵。彌bi，密bit。

音黍稷重搦。握之，其實重焉。

音植穡菽麥。穉從犀se聲，穡sek。

秬，黑黍。

音致天之改，於牧之墅su。武緒墅，併下文虞女旅父子魯宇輔一

無貳無虞。上帝臨女

敦商之旅。克咸厥功

王曰叔父。建爾元子
俾侯于魯。大啟爾宇
為周室輔
乃命魯公。俾侯于東
錫之山川。土田附庸
周公之孫。莊公之子

龍旂承祀。六轡耳耳

春秋匪解。享祀不忒

韻。或野字不改，墅既音su，野必亦復有su聲。

音無貳無禦，上帝臨汝。

音頓商之旅，克銜厥功。

則魯僖公也。

音龍旂乘四，六轡拈拈。連上句莊公之子，並押i韻。子ci，祀sir，耳ni。

皇皇后帝。皇祖后稷
享以騂犧。是饗是宜
降福既多。周公皇祖
亦其福女

秋而載嘗。夏而楅衡

白牡騂剛。犧尊將將
毛炰胾羹。籩豆大房

萬舞洋洋。孝孫有慶
俾爾熾而昌
俾爾壽而臧

音春秋非革，享祀不退。

帝te，稷cek。

女音汝。

音角而楅衡。夏ka，角kak。夏字廖氏輯三音，此爲夏楚／檟楚之聲。朱熹註引周禮封人云，凡祭，飾其牛牲，設其楅衡。廖氏云，牛角端所加橫木，防觸人。

大房，朱註半體之俎。

保彼東方。魯邦是常

不虧不崩。不震不騰

三壽作朋。如岡如陵

公車千乘。朱英綠縢

二矛重弓。公徒三萬

貝冑朱綅。烝徒增增

戎狄是膺。荊舒是懲

則莫我敢承

俾爾昌而熾

音不震不霆。雷霆也。

音朱纓綠縢。縢，說文云，緘也。二物飾公車，非飾下句之矛弓。

弓keng，羹慶崩陵乘縢，用eng韻。

音丁徒增增。作烝字者，以从火，用途同薪也。

音荊楚是懲。舒soo，楚choo。僖公在位（659～627）時，楚爲成王（672～626），朱熹註此指僖公從齊桓公伐楚事，在656 B.C.。荊舒實荊楚也，舒soo，楚choo，本即互音。惟明知音爲楚，何以字作舒。或防楚來問也。

俾爾壽而富
黃髮台背。壽胥與試
俾爾昌而大
俾爾耆而艾
萬有千歲。眉壽無有害
泰山巖巖。魯邦所詹
奄有龜蒙。遂荒大東
至于海邦。淮夷來同
莫不率從。魯侯之功
保有鳧繹。遂荒徐宅
至于海邦。淮夷蠻貊

音黃髮玳背，壽鬚有侈。玳，玳瑁也。

大艾害一韻。

詹者，瞻也。

音遂封大東，下文荒同。龜蒙，二山名。

音莫不輸從。

鳧繹，二山名。

及彼南夷。莫不率從

音莫不輸從。

莫敢不諾。魯侯是若

天錫公純嘏

嘏，福氣也。

眉壽保魯

居常與許

音吉祥有許。居ki，吉kit。許koo。

復周公之宇

朱註許，許田也，魯故地，見侵於諸侯，而未復。惟左傳桓公元年，卒易祊田。即鄭伯以祊田，璧，交換魯之許田。既買賣，你情我願，既三世焉，指該田見侵於諸侯，誤哉。

魯侯燕喜。令妻壽母

宜大夫庶士。邦國是有

既多受祉。黃髮兒齒

徂來之松。新甫之柏

是斷是度。是尋是尺
松桷有舄。路寢孔碩
新廟奕奕。奚斯所作
孔曼且碩。萬民是若

閟宮九章，
五章章十七句，
二章章八句，
二章章十句。

徂來，新甫，俱山名。

音是斷是斲。度too，斲took。尋，八尺之謂。

音松桷有碩。

奕，說文云，大也。或音新廟翼翼，如商頌殷武。奚斯音溪賜，
公子魚字。溪賜對魚。

（閟宮完）

感謝

王品婷小姐幫忙文稿輸入，

陳素卿小姐辨認台語發音，

羅儷翎、張凱婷小姐分擹甚多工作，

予我許多空檔，撰寫虞夏書之部。

國家圖書館出版品預行編目資料

尚書灣義／簡道凡 著. --初版. --臺中市：白象文化事業有限公司，2022.6
面； 公分.
ISBN 978-626-7105-89-4（平裝）
1.CST: 書經 2.CST: 注釋 3.CST: 臺語

621.112 111005326

尚書灣義

作　　者　簡道凡
校　　對　簡道凡
發 行 人　張輝潭
出版發行　白象文化事業有限公司
412台中市大里區科技路1號8樓之2（台中軟體園區）
出版專線：（04）2496-5995　傳真：（04）2496-9901
401台中市東區和平街228巷44號（經銷部）
購書專線：（04）2220-8589　傳真：（04）2220-8505
專案主編　陳逸儒
出版編印　林榮威、陳逸儒、黃麗穎、水邊、陳婕婷、李婕
設計創意　張禮南、何佳諠
經紀企劃　張輝潭、徐錦淳、廖書湘
經銷推廣　李莉吟、莊博亞、劉育姍
行銷宣傳　黃姿虹、沈若瑜
營運管理　林金郎、曾千熏
印　　刷　百通科技股份有限公司
初版一刷　2022 年 6 月
定　　價　400 元